ÉTUDES

SUR LE PROBLÈME

DE LA

MARCHE DU CAVALIER

AU JEU DES ÉCHECS.

ÉTUDES

SUR LE PROBLÈME

DE LA

MARCHE DU CAVALIER

AU JEU DES ÉCHECS

ET SOLUTION DU

PROBLÈME DES HUIT DAMES

AVEC 25 PLANCHES

PAR A. CRETAINE.

LIBRAIRE

PARIS

A. CRETAINE, LIBRAIRE, RUE DES BONS-ENFANTS, 28

ANCIENNE MAISON SILVESTRE

1865

A MONSIEUR ERNEST PARISET

NÉGOCIANT A LYON.

C'est vous à qui je veux, à qui je dois dédier ces Études. Depuis dix ans j'étais satisfait de montrer les résultats de mes recherches sur le problème de la marche du Cavalier au jeu des échecs à ceux qui s'occupent de ce problème; vous les avez vus, et vous m'avez encouragé à les publier. Permettez-moi de dire ici que c'est à votre concours que ce petit livre doit le jour.

Agréez, Monsieur, les remerciements de votre très-reconnaissant et respectueux serviteur,

A. CRETAINE.

Septembre 1865.

ÉTUDES

SUR LE PROBLÈME

DE LA

MARCHE DU CAVALIER

AU JEU DES ÉCHECS.

La question générale suppose que le Cavalier parte d'une case donnée quelconque.

LEGENDRE, *Théorie des nombres*, 3e éd., t. II, p. 155.

La marche du Cavalier au jeu des Échecs (1) sur les soixante-quatre cases de l'échiquier, sans passer deux fois par la même, a été connue très-anciennement dans l'Inde (2); et bien avant que les géomètres eussent tenté d'en découvrir les lois, Gianutio en Italie, dans l'ouvrage ayant pour titre : *Maniera di*

(1) « On suppose que le lecteur connaît la marche du Cavalier et sait qu'il va toujours d'une case blanche à une case noire, et d'une case noire à une case blanche; ce qu'il fait, quelle que soit la case sur laquelle il se trouve, en changeant de ligne et de file et sautant obliquement une case. Ainsi, lorsqu'il a un espace suffisant autour de lui, il peut faire un premier pas de huit manières différentes.
« Th. de Lavernède. »

(2) *Encyclopédie* de Diderot et d'Alembert.

giuocar a Scacchi (Torino, 1597, in-4), a indiqué un tableau de la marche du Cavalier, numéroté 1 à 32, sur la moitié de l'échiquier.

Nous remarquons qu'en répétant cette même marche sur l'autre moitié, la figure des lignes qui en résulte ne diffère pas de celle qu'Euler a donnée dans les Mémoires de l'Académie de Berlin, 1759, tome XV (1), près de deux siècles plus tard, en présentant une suite de figures qui ajoutent à la question principale des conditions qui rendent ces figures plus curieuses.

Jusqu'à ces derniers temps, la recherche du problème du Cavalier était restée le partage exclusif des mathématiciens. Grandin, et après lui Montucla, dans son édition des *Récréations mathématiques* d'Ozanam, ont tenté de la vulgariser en exposant les méthodes alors connues de Montmort, de Moivre, de Mairan et de M. de W. Les trois premières ne sauraient être d'usage que pour des mémoires très-heureuses; encore ne satisfont-elles pas à la condition de la chaîne rentrante (2). Celle de M. de W. est la seule exceptée; mais comment se retracer la disposition de soixante-quatre numéros qui semblent jetés pêle-mêle sur l'échiquier? Les diagrammes donnés par Monneron à d'Alembert, insérés dans l'*Encyclopédie*,

(1) Voir cette figure *Pl.* A, *fig.* 2.

(2) On nomme chaîne ou marche rentrante celle où le Cavalier peut, d'un saut, passer de la case initiale à la case finale. Voir *Pl.* E, probl. 3 et 4.

n'offrent pas moins de difficultés, et les travaux de Ballière de Laisement (1) ne nous ouvrent pas une route plus assurée.

Il faut passer d'autres essais et arriver à la méthode du savant géomètre Th. de Lavernède (2), publiée dans les Mémoires de l'Académie royale du Gard, en 1839, sous le titre de *Problème de situation* (3), pour trouver une méthode facile à retenir, qui fasse entrer ce problème en quelque sorte dans le domaine public. La simplicité, la lucidité de ses démonstrations, dégagées de tout calcul, permettent à chacun d'en saisir toutes les parties. Il divise l'échiquier en quatre parties égales par deux droites menées par les milieux des côtés opposés. Sur l'une de ces parties, composée de seize cases, le Cavalier, dans quatre chaînes rentrantes, donne deux carrés et deux losanges inversement penchés (*Pl.* D, *fig.* 2), dispositions déjà connues. Mais ce qui le place au-dessus de tous ceux qui ont cherché la simplification de ce problème, c'est une notation ingénieuse, qui depuis a été reproduite avec d'autres signes : elle consiste dans l'idée heureuse d'ajouter à chacun des

(1) *Essai sur les problèmes de situation. Rouen*, 1782, in-8 de 74 pages, 7 pl.

(2) M. de Lavernède a rédigé, de 1810 à 1816, de concert avec M. Gergonne, professeur de mathématiques transcendantes au lycée de Nîmes, l'ouvrage périodique intitulé : *Annales de Mathématiques*, connu sous le nom de ce dernier. (Quérard, *France littéraire.*)

(3) In-8, 29 pages de texte et 10 pages de tableaux.

angles de ces figures une lettre pour les distinguer, A,a, B et b, deux voyelles et deux consonnes, les voyelles pour les losanges, les consonnes pour les carrés, la majuscule pour les cases noires, la minuscule pour les cases blanches. Le Cavalier changeant de couleur à chaque marche, on ne peut, dans tous les cas, passer que d'une grande lettre à une petite. Ces indications, une fois reportées sur les trois autres parties de l'échiquier, les lettres des losanges et des carrés communiquent entre elles par la marche du Cavalier ; des routes en nombre infini se trouvent tracées et permettent de faire des tournées complètes ou incomplètes, laissant la faculté de réserver des passages, de suivre ou de changer le système de lettres, d'y revenir, enfin répondent à toutes les exigences du problème, qui ne demande plus alors qu'une légère attention.

Nous nous proposons de donner plus d'étendue aux développements de cette méthode dans le chapitre relatif à l'*exécution sans voir l'échiquier*.

Un mémoire de quatre pages et demie sur le même sujet a été publié en avril 1840, dans le *Philosophical Magazine*, par le docteur Roget (1) ; la démon-

(1) Dans les *Amusements in Chess* (*London*, 1845, in-12), Tomlinson, après avoir développé la méthode que donne le docteur Roget, ne connaissant pas le travail de M. de Lavernède, ajoute : « Such is the result at which Dr Roget's extremely ingenious investigation enables us to arrive. Until his method appeared, no one, we believe, was able to insure a solution of the problem when both the initial and terminal squares were prescribed, etc. »

stration, les définitions, l'emploi et la disposition des quatre lettres, deux voyelles et deux consonnes, pour la notation sur le quart de l'échiquier ; les angles des figures déterminant le placement de ces lettres, tout est identique à la méthode que je viens de citer. Il est vrai que dans l'exécution le mot choisi par le docteur Roget (*Leap*) offre plus de facilité à retenir et à jeter par la pensée sur l'échiquier que les lettres de M. de Lavernède.

Il vient de paraître, dans le premier volume des *Mémoires de l'Institut égyptien* (Paris, 1862, in-4), un mémoire sur la marche du Cavalier, par M. de Chambure. L'auteur se sert de quatre couleurs (1) et remplace ainsi les lettres ; les développements de sa méthode sont agréables à l'œil, mais peu aisés à placer dans la mémoire. La solution ne gagne rien ; les diagrammes à chaîne rentrante qu'il donne comme exemples sont des chefs-d'œuvre de difficultés vaincues.

En résumant ces moyens d'exécution, nous rendons à M. de Lavernède la priorité qui lui appartient,

(1) Cette idée n'est pas nouvelle ; il y a plus de quatre-vingts ans que Ballière de Laisement, dans son ouvrage déjà cité, a dit, p. 48 : « Parmi les diverses manières d'exprimer les suites des pas du cavalier, nous avons proposé d'employer des crayons ou des encres de diverses couleurs. C'est ici que l'on éprouvera de la satisfaction de cette pratique. Le coup d'œil que présentent nos quatre couleurs fait jouir d'une symétrie qui forme spectacle dans la valeur du mot, et une véritable récréation mathématique pour les yeux, etc. »

et il est permis d'affirmer qu'après l'étude de sa méthode et avec un peu d'exercice, ou pour mieux dire avec le coup d'œil de la marche du Cavalier, les cases de départ et d'arrivée rentrantes ou non rentrantes étant déterminées, on peut résoudre promptement ce problème.

L'exposé suivant de deux méthodes célèbres par les noms des savants qui les ont fait connaître, l'une que l'on doit à Euler (1), l'autre à Vandermonde (2), ne peut manquer d'intéresser par la beauté et la régularité des diagrammes qui en résultent (3).

1° Routes diagonales d'Euler : Si l'on divise l'échiquier en deux parties égales par une diagonale (*Pl.* A, *fig.* 1), et que, partant de l'angle que coupe cette ligne, on compte 32 pas pour arriver à l'angle opposé, dès l'instant que les cases correspondantes à ces marches ont été réservées, le problème est résolu, car on revient, en répétant ces marches par une figure toute semblable, à la case de départ. Pour s'assurer ces cases de retour dans la construction de la première chaîne, à chacune des marches on met un point sur la case symétrique correspondante de l'autre côté de la diagonale, de sorte que la ligne droite tirée par le centre de ces deux cases divise l'échiquier en deux parties égales. Si dans la

(1) Mém. de l'Académie de Berlin, 1759.

(2) Mém. de l'Académie des sciences de Paris, 1771.

(3) J'observe que j'abandonne toute espèce de calcul dans les démonstrations de ces deux méthodes.

route que l'on suit on rencontre une case déjà pointée, il faut chercher une autre route; on obtient ainsi des figures complétement symétriques (*Pl.* A, *fig.* 2 *à* 6) (1).

Euler, après avoir donné plusieurs diagrammes construits par cette méthode, observe que si sur l'un d'eux on numérote les marches du Cavalier 1 à 64, en commençant par une case quelconque de l'échiquier, la différence des numéros affectés à deux cases symétriques par rapport au centre de l'échiquier sera toujours 32. C'est à ce genre que se rapporte le diagramme dont nous avons parlé page 2, qui donne sur chaque moitié de l'échiquier deux parties semblables (Voir *Pl.* A, *n°* 2). Nous désignerons ce genre sous le nom de *figure de* 32 *marches*.

2° Une autre méthode, que donne Vandermonde pour construire des diagrammes presque symétriques, est fondée sur l'observation suivante : si l'on trouve seize pas consécutifs du Cavalier qui soient tels qu'aucune des cases parcourues n'ait rien de commun avec les cases correspondantes, on aura, en répétant ces marches en différents sens, quatre suites de pas du Cavalier qui comprendront les soixante-quatre cases de l'échiquier, et dont chacune

(1) M. Adam jeune, professeur à Rouen, connu par son goût pour les ouvrages sur les Échecs, me montra, il y a environ dix ans, une cinquantaine de diagrammes symétriques qu'il avait exécutés par la méthode que nous indiquons dans ce paragraphe ; aujourd'hui il en possède plus de six cents.

donnera une figure symétrique; il restera à lier les quatre suites en une seule (Voir *Pl.* B, *fig.* 1 *à* 4.).

Pour arriver à trouver cette première suite, nous procéderons comme pour le diagramme dont nous venons de parler. Dans celui-ci nous opérons sur le quart des cases de l'échiquier; donc, à chaque pas du Cavalier, nous dirigeant par 16 marches, d'un angle à l'autre opposé diagonalement, nous mettons un point sur chacune des deux cases symétriques qui se correspondent à angle droit, en observant, comme précédemment, qu'il faut chercher une autre route si l'une de ces cases est déjà pointée; ces points donnent les traces inverses de la deuxième chaîne, et les cases non pointées celles de la marche renversée de la première, qui la complète en conduisant à la case de départ. On obtient ainsi une figure symétrique composée de deux chaînes. Quelques-unes, comme celle que Vandermonde donne pour exemple (*Pl.* B, *fig.* 5), permettent, sans trop briser leur symétrie, d'être réunies par deux traits (1), et répondent à la solution générale du problème; elles offrent dans la disposition des lignes un ensemble très-heureux. Nous les distinguerons sous le nom de *figures de* 16 *marches*. (Voir *Pl.* B, *fig.* 6, et d'après la même méthode, *Pl.* C, *fig.* 1 *à* 6.)

Après avoir exposé les méthodes graphiques les

(1) On peut presque toujours réunir ces deux chaînes dans l'un des angles par un trait, ce qui complète, sans que le changement soit sensible, la marche non rentrante du Cavalier sur les soixante-quatre cases.

plus faciles, et comme une sorte de marche mécanique pour arriver à la solution du problème, nous ferons remarquer, mais sans qu'il nous soit possible d'y appliquer aucune méthode, ces diagrammes qui, plus laborieux que tous les autres, naissent de la fantaisie et du goût, que l'on produit en s'imposant de plus que dans les précédents exemples quelques difficultés de situation, de manière à donner aux polygones fermés parcourus par le Cavalier de certaines dispositions symétriques propres à en faire des dessins agréables à la vue.

Tel est l'objet des planches que nous publions aujourd'hui et qui font tout l'intérêt de cette première partie (Voir les planches numérotées 1 à 19) ; nous espérons que les facilités données par les méthodes précédentes pourront inspirer à quelques personnes l'idée, dans les moments de loisir et d'oisiveté, de céder à l'attrait de cette distraction et de chercher de nouvelles solutions (1). Elles y parviendront sans peine, le champ est fécond et fertile en combinaisons intéressantes (2). Nous aurons atteint notre but

(1) Nous conseillons pour faire ces essais de graver sur une ardoise un petit échiquier d'environ huit à neuf centimètres de côté, avec cases ombrées, et de se servir du crayon d'ardoise, qui s'efface facilement.

(2) « Je me suis occupé, dit M. de Lavernède dans le Mémoire déjà cité, de la recherche du nombre de solutions dont le problème est susceptible, et, quoique mon travail à cet égard ne soit pas terminé, je crois pouvoir affirmer qu'en mettant cinquante marches par page, il faudrait plus de dix mille rames de papier pour les écrire toutes. »

si nous avons réussi à appeler l'attention sur cette espèce de jeu du solitaire qui nous a occupé agréablement pendant bien des heures, et qui, nous pouvons l'affirmer, donne aux joueurs d'échecs qui s'amusent de ces recherches une vue plus rapide des marches du Cavalier (1).

En terminant, nous prions ceux qui ont trouvé ou qui trouveront des figures remarquables dans ce genre, de vouloir bien nous les communiquer; nous serons heureux d'en enrichir notre recueil, et nous promettons de les insérer, avec les noms de leurs auteurs, dans une seconde édition; celle-ci, dont nous conservons les planches, n'étant tirée qu'à un petit nombre d'exemplaires, la plupart destinés à nos souscripteurs.

(1) Le investigazioni che si sono addote ci condurranno allo scopo di renderlo alle battaglie più destro.

T. Ciccolini, *del Cavallo degli Scacchi.*

DE L'EXÉCUTION DU PROBLÈME DU CAVALIER

Sans voir l'échiquier.

Sur la fin du dernier siècle, Philidor, en défendant trois parties sans voir l'échiquier contre les plus célèbres joueurs de cette époque, excita l'admiration de ses contemporains. Par la force de sa mémoire, la puissance de ses combinaisons semblait être la même qu'en présence de l'échiquier. Il restait, disent les journaux qui ont rendu compte de ses séances, peu de temps à répondre à ses adversaires, ne paraissait éprouver aucune fatigue, causait et plaisantait dans l'intervalle des coups. Il conserva dans sa vieillesse cette faculté, qui lui servit de ressource pour soutenir sa famille quand les troubles de la France le retenaient en Angleterre. Son dernier match eut lieu le 20 juin 1795; on payait 5 shillings d'entrée; il mourut le 24 août suivant. M. de Labourdonnais exécutait deux parties sans voir, ayant pour adversaires les joueurs les plus renommés. J'ai connu des amateurs qui ne perdaient de leur force qu'un Cavalier en jouant une partie le dos tourné à l'échiquier. Mais, dans ces dernières années, cette faculté de mémoire, jointe à la supériorité des combinaisons, s'est prodigieusement étendue. M. Morphy est sorti vainqueur de la lutte en défendant, contre de forts joueurs, huit parties sans voir l'échiquier. En 1863, M. Ladislas Maczuski, Polonais, moins fort que ce dernier, a également fait huit parties dans les mêmes conditions, et cette capacité lui sert, comme à Philidor, de ressource dans l'infortune.

Je dois rapporter ici qu'en voyant mes études sur le Cavalier, il me manifesta le désir très-vif de joindre à ses exercices des parties l'exécution de la marche du Cavalier en nommant de mémoire les cases qu'il doit parcourir, d'après l'indication de celles de départ et d'arrivée. Il connaissait les méthodes que j'ai exposées, leurs moyens d'application, et cependant, après s'y être longtemps exercé, il ne pouvait, dans certaines positions, résoudre ce problème.

En effet, toutes ces méthodes, très-exactes d'ailleurs, ne sont pas formulées d'une manière assez précise pour tracer une route assurée sans le secours des yeux ; chaque disposition des deux cases (quand elles se trouvent dans les situations que j'appelle indirectes) exige des marches différentes, et la mémoire s'égare dans ces nombreuses opérations : en épuisant ces mêmes moyens je n'ai pas été plus heureux que lui.

Ces tentatives m'ont fait reconnaître que s'il était possible, par des moyens rapides et sûrs, de ramener ce problème dans tous les cas à une position directe, il n'y aurait qu'une seule et même solution, qui n'offrirait ni doute ni difficulté, et qu'il suffirait alors d'un peu d'exercice pour le résoudre de mémoire.

Ce sont les recherches et les méthodes pratiques qui m'ont conduit à ce résultat, que je présente.

Dans ce problème, nous abandonnons la belle régularité des figures qui précèdent : deux cases sont désignées, et nous ne devons chercher que les moyens de nous diriger d'un de ces points à l'autre par des routes tellement bien définies que l'on ne puisse s'égarer; il est donc nécessaire d'avoir une notation aisée à retenir, dont on puisse suivre les traces comme si elles étaient écrites sur l'échiquier.

Je le répète, j'emprunte au savant M. de Lavernède, et je ne puis toujours le citer, tout ce qui peut me servir dans cette opération, ses définitions, sa notation par les lettres, *Pl.* D, *fig.* 5, qui jette sur l'échiquier un réseau de lignes faciles à suivre; les quarts numérotés, *fig.* 1, dont l'ordre nous conduit à notre but sans marcher à tâtons : nous savons où nous sommes, par où nous devons aller et ce qui nous reste à faire. Voici les positions qu'il leur donne :

« Imaginons, dit-il, l'échiquier placé devant un « joueur, et nommons premier quart celui qui est le « plus près de lui à sa gauche, second quart celui « qui est à sa droite, troisième quart celui qui est « au-dessus du second, et quatrième quart celui qui « est au-dessus du premier, *Pl.* D, *fig.* 1 ; chaque « quart est désigné d'une manière distincte, et la « première ligne sera comptée des bases du premier « et du deuxième quart. » Les files sont perpendiculaires aux lignes, elles prennent le nom des pièces qui les occupent : de là file du Roi, du Fou, etc.; c'est sur les files que sont comptées les cases de la première ligne à la huitième; la case du Roi est désignée 1. R, et sur cette file à la deuxième ligne, 2. R, etc., notation facile et généralement adoptée.

« Le Cavalier, dans sa marche, en parcourant les « soixante-quatre cases et les comptant, change de « couleur à chaque pas : si la case de départ est « blanche, la seconde sera noire, toutes les cases de « rang impair seront blanches et les cases de rang « pair seront noires, d'où il suit que la case pour « commencer et la case pour finir doivent être de « couleur différente, autrement la solution de ce « problème serait impossible. » Les quatre angles de chacune des figures formées par une même lettre dans un quart ont deux cases de chaque couleur.

Le placement des lettres sur le quart de l'échiquier étant donné par les angles des quatre figures régulières qui résultent de la marche du Cavalier, nous pouvons nous les représenter sans les voir. Prenons pour cette étude la *fig.* 2, *pl.* D, que nous supposons être le premier quart; faisant l'essai sur ce quart, nous le répéterons facilement sur les autres. Ainsi, par les losanges et les carrés déterminés par la première ligne, nous avons comme base de quatre colonnes ou files les lettres **L**, **O**, **U**, **P**, qui composent le mot **LOUP**, que nous emploierons dans les démonstrations; coupons ce mot en deux syllabes et épelons sur cette première ligne **LO-UP**, sur la deuxième **UP-LO**, sur la troisième **OL-PU**, sur la quatrième **PU-OL**. Par ce mode d'épeler, nous retrouvons les angles avec leurs lettres. Suivons pour exemple la figure de la lettre **O** : elle se présente la seconde sur la première ligne dans les syllabes **LO-UP**, 1re CD, — la quatrième de la seconde ligne **UP-LO**, 2e D, — la troisième de la quatrième ligne **PU-OL**, 4e FD, — et la première de la troisième ligne **OL-PU**, 3e TD, qui peut entrer dans le quatrième quart en 5e CD; continuant ainsi la tournée, nous aurons noté toutes les positions de cette lettre.

On peut encore retrouver facilement ces positions en remarquant que les figures de **L** et **O**, *Pl.* D, *fig.* 3, sont penchées à droite, et celles de **U** et **P**, *fig.* 4, penchées à gauche. **L** 1re TD, première ligne et première file, *fig.* 3, passe dans la deuxième ligne en 2e FD, en sautant une file, ou dans la 2e file en 3e CD, en sautant une ligne, etc.

Enfin les consonnes appartiennent aux losanges et les voyelles aux carrés, d'où il suit que les seize lettres qui couvrent les cases d'un quart le partagent de cette manière, une consonne à chaque angle et quatre au centre, les huit voyelles deux à deux complètent son périmètre, *fig.* 2.

Ces observations mnémoniques, bien étudiées et comprises, puis répétées mentalement, permettent d'atteindre ce résultat qu'une case déterminée dans un quart représente immédiatement à la pensée l'ensemble de la figure à laquelle elle appartient et les positions symétriques de cette figure sur les autres quarts; il en résulte, dans une tournée, la facilité de se reconnaître et de se diriger vers le quart dans lequel on veut entrer, sans craindre de se placer sur une case d'où l'on ne pourrait sortir.

Avant de passer aux démonstrations, il est nécessaire de définir le sens des dénominations que nous employons :

Un tour, c'est faire dans un quart la figure d'une même lettre. Nous l'indiquons par un petit trait(-)placé entre les lettres de la première case et de la quatrième.

Or, les quatre tours d'une même lettre, pouvant être parcourus de suite par le Cavalier, constituent *une tournée* (ensemble de seize marches), *Pl.* D., *fig.* 1. Nous l'indiquons par deux points (:) placés entre la première case et la seizième.

Une tournée par le périmètre, c'est faire parcourir au Cavalier les douze cases de la même lettre autour de l'échiquier et rentrer dans le carré du centre pour y terminer les quatre cases de ce système, *fig.* 5.

On trouvera souvent les lettres (**L**) (**O**) (**U**) (**P**) entre des parenthèses, elles indiquent les tournées de ces différentes lettres.

Les cases *adjacentes* sont les deux cases consécutives dans l'un ou l'autre sens; elles sont toujours de couleur différente.

Les cases sont dites *annexées* lorsque la diagonale de l'une est le prolongement immédiat d'une diagonale de l'autre. Elles sont toujours de la même couleur.

Les positions sont *directes* quand les quatre tournées peuvent être faites consécutivement sans rompre la marche; toute autre position est dite *indirecte*.

Le nombre infini des cas qui peuvent résulter lorsqu'il ne s'agit que de parcourir les soixante-quatre cases de l'échiquier, en partant d'une case à volonté, devient très-limité quand la case de départ et celle d'arrivée doivent être d'avance connues. Nous pouvons donc, d'après ces données, déterminer et classer le nombre des cas différents qui peuvent se présenter.

Prenant, pour commencer, une case quelconque de l'échiquier, on a à choisir une des soixante-quatre cases, et pour terminer une des trente-deux de l'autre couleur; ce qui fait 64 $\times$ 32, ou 2048 cas. Mais, dans la démonstration d'un autre problème (Voir page 36 et *Pl.* F), nous reconnaissons que la position symétrique des cases présente dans divers sens le même résultat, et qu'il n'y a que dix cases différentes sur l'échiquier; encore les quatre cases coupées par la diagonale étant dans le cas présent symétriques à elles-mêmes ne doivent-elles être comptées que pour deux; il en résulte que c'est comme si le nombre des cases était seulement 8, ce qui fait donc 8 $\times$ 32, ou 256 cas réellement différents.

Ces 256 cas peuvent être rangés en quatre classes, suivant que la case pour commencer et la case pour finir se trouvent :

1° Sur un losange et sur un carré penchés dans

le même sens ou en sens inverse. .	128 cas.
2° Sur deux losanges ou deux carrés différemment penchés.	64
3° Sur les mêmes losanges ou sur les mêmes carrés penchés dans le même sens, mais non dans le même quart.	48
4° Sur le même losange ou sur le même carré dans le même quart .	16
	256

Les 128 premiers sont dans des positions directes, les derniers dans des positions indirectes.

Toutes les définitions qui précèdent et toutes les notations qui suivent partent du principe adopté que l'exécutant est supposé avoir les blancs et la case blanche à sa droite.

N'ayant pas l'échiquier sous les yeux, nous devons, avant l'exécution, nous assurer si les cases données sont de couleur différente (1). Comme la case blanche, à droite, détermine la couleur de chaque case des pièces dont nous connaissons la position sur la première ligne, et que nous savons que cette couleur se retrouve dans l'ordre impair sur les files (page 14), par l'énoncé du chiffre impair ou pair, nous connaissons déjà que cette case est ou n'est pas de la couleur de celle où se place la pièce, mais la pièce nommée nous désigne la couleur. Supposons qu'il nous soit indiqué que la case initiale est septième du Roi, *septième* nous apprend que c'est la couleur de la case de la pièce, et le nom *du Roi* qu'elle est noire.

(1) Voir la citation de M. de Lavernède, page 14.

1er PROBLÈME.

Les cases données étant sur un carré et sur un losange.

Positions directes : 128 cas.

Exemple : initiale 5e F D (**U**)
finale 3e F R (**L**)

Les tournées successives sont : **U, P, O, L.**

EXÉCUTION PAR LES QUARTS.

1er Probl. (**U**)	(**P**)	(**O**)	(**L**)
5 F D	2 C D	2 D	5 R
6 T D	1 D	1 C D	6 C R
8 C D	3 F D	3 T D	8 T R
7 D	4 T D	4 F D	7 F R
8 F R	6 C D	6 D	8 D
7 T R	8 T D	5 C D	7 C D
5 C R	7 F D	7 T D	5 T D
6 R	5 D	8 F D	6 F D
4 F R	6 F R	7 R	4 D
3 T R	8 R	8 C R	3 C D
1 C R	7 C R	6 T R	1 T D
2 R	5 T R	5 F R	2 F D
1 F D	3 C R	3 R	1 R
2 T D	1 T R	1 F R	2 C R
4 C D	2 F R	2 T R	4 T R
3 D	4 R	4 C R	3 F R case finale

EXÉCUTION PAR LE PÉRIMÈTRE.

Ier Probl. (U)	(P)	(O)	(L)
5 F D	7 F D	7 R	5 T D
	8 T D	8 C R	7 C D
6 T D	6 C D	6 T R	8 D
8 C D			
7 D	4 T D	4 C R	7 F R
	2 C D	2 T R	8 T R
8 F R	1 D	1 F R	6 C R
7 T R			
5 C R	2 F R	2 D	4 T R
	1 T R	1 C D	2 C R
3 T R	3 C R	3 T D	1 R
1 C R			
2 R	5 T R	5 C D	2 F D
	7 C R	7 T D	1 T D
1 F D	8 R	8 F D	3 C D
2 T D			
4 C D	6 F R	6 D	4 D
	4 R	5 F R	6 F D
3 D	3 F D	3 R	5 R
4 F R	5 D	4 F D	3 F R
6 R			

Ainsi se résolvent toutes les positions que nous appelons directes, c'est-à-dire celles initiales sur un losange **L** ou **P**, et finales sur un carré **O** ou **U**, et *vice versâ*. Qu'elles soient dans le même quart, dans les quarts annexés ou adjacents, elles n'exigent que la seule attention, dans la conduite de la marche du Cavalier, de le ramener vers le centre, ne pas l'enfermer dans une case d'où il ne pourrait sortir, et de le diriger aussitôt que possible pour terminer chaque tournée dans le quart final.

Dans les problèmes suivants, nous donnons le moyen de ramener toutes les positions à cette condition essentielle.

Observations sur l'exécution par les quarts du Problème 1er.

D'après cette solution, on a reconnu que dans le quart où l'on était placé en partant d'une case noire on a fini le premier tour sur l'une des deux cases blanches à volonté, ce qui, par la symétrie des figures, s'est répété dans chaque quart et pour chaque tournée aux 4e, 8e, 12e et 16e cases. On peut donc en conclure qu'on aurait pu sauter du premier quart dans le quatrième, passant les intermédiaires, pour finir la première tournée sur l'une de ces deux cases, puis entrer dans un autre système, et par les mêmes moyens faire les 2e, 3e et 4e tournées.

Dans ce cas, où la case de départ est noire, toutes les cases noires sont d'ordre impair, et les cases blanches d'ordre pair.

En appliquant cette méthode abrégée aux données

du problème n° 1, et désignant par deux points (:) le report dans la case correspondante d'un quart adjacent, on a pour exprimer cette longue suite de lettres, donnant l'exécution par les quarts, la formule plus simple :

5e *FD*, 7e D : 3e D, 2e CD, 4e TD : 4e R, 2e D, 4e FD : 4e CR, 5e R, 7e FR : 3e *FR*

Exécution dont nous donnons les traces.

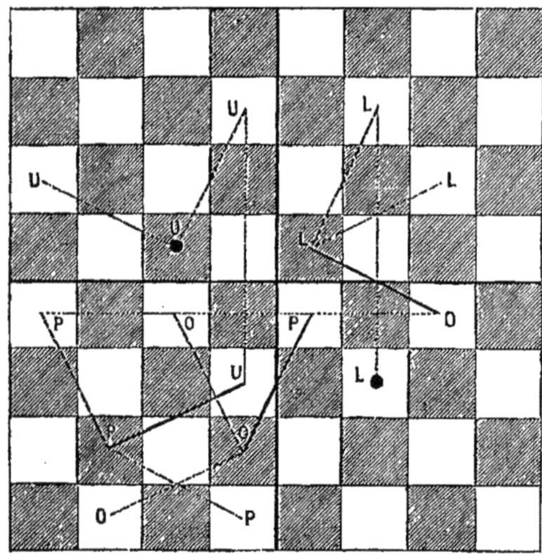

Il reste donc clairement démontré que le Cavalier d'une case quelconque de l'échiquier, sans changer de système, peut sortir sur deux cases symétriques appartenant au quart où il se trouve placé, et que ces deux cases de sortie reportées dans le quart adjacent où nous voulons finir la tournée sont précisément les cases sur lesquelles il peut arriver à sa seizième marche; nous n'avons donc plus que de l'une de ces deux cases, celle que nous avons choisie, à entrer dans un autre système, et faire ainsi les tournées successives, nous dirigeant pour terminer dans le quart de la case finale, case que nous avons reconnue indiquée par le quatrième report.

En d'autres termes, que la case de départ étant comptée d'ordre impair, le Cavalier a eu pour sortie l'une des deux cases d'ordre pair, et qu'entrant dans le dernier quart sur une case d'ordre impair, il a eu pour terminer dans les deux qui lui étaient ouvertes, la case finale d'ordre pair.

L'emploi de ce moyen, beaucoup plus prompt que le tracé de la main, va nous servir dans le problème suivant à déterminer la case secondaire (1).

(1) La rapidité d'exécution est aujourd'hui vantée par quelques amateurs qui, par des méthodes rendues aisées, obtiennent dix à douze solutions à l'heure; leur habileté se trouve éclipsée par la méthode d'un étranger qui m'honore de son amitié, je veux parler de M. Solvyns, de Bruxelles. On l'a vu, en 1860, par des combinaisons qu'il ne veut pas faire connaître, exécuter, à la Régence, de quarante-huit à cinquante solutions à l'heure. Il a répété ces mêmes opérations sous mes yeux, espérant alors, mais en vain, de perfectionner sa méthode et compter soixante solutions. Je l'ai revu cette année, j'ai attentivement remarqué son exécution, et dans les points de repères qu'il établit je n'ai rien reconnu qui se rapprochât des moyens que j'emploie. Il était surtout, par opposition avec moi, plus attentif et moins prompt à se diriger dans les positions directes que dans les marches brisées.

2e PROBLÈME (Pl. E.)

Les cases données étant sur deux losanges ou deux carrés penchés en sens inverse.

Positions indirectes : 64 cas.

Exemple : initiale 3e C D (**L**)
finale 3e C R (**P**).

Les données de ce problème ne nous permettent pas de suivre la marche régulière du précédent dans lequel nous avons pu alterner les différents systèmes; nous sommes obligés de briser la troisième tournée, où se trouve la case finale, pour placer cette case à la suite de la quatrième tournée.

Pour ramener ces données à des positions directes, nous nous servirons de la méthode abrégée que je viens d'exposer pour faire rapidement par la pensée la première tournée et connaître le système dans lequel nous pouvons commencer la deuxième : donc, partant de 3 C D, et finissant en 1 R, *fig.* 2, *pl.* E, et changeant de système, nous passons en 3 D (**U**), seule case qui se présente pour la sortie; arrivé à ce point, nous savons que la case finale doit suivre le système (**O**); nous portant à cette case et faisant également par la pensée 3 C R, 1 T R, 2 F R, 4 R, ou pour abréger 3 C R—4 R, *fig.* 1, nous passons dans le système (**O**) en 6 D, qui devient pour nous la case secondaire sur laquelle nous nous dirigerons comme case finale, puisqu'elle nous y conduit ; nous avons ainsi les positions directes **LUPO—P**, dont l'exécution ne nous oblige qu'à nous souvenir de la transformation de 3 C R en 6 D, et que le quart de la case finale système (**P**) est terminé.

EXÉCUTION PAR LES QUARTS.

2e Probl. (**L**)	(**U**)	(**P**)	(**O**)	(**P**)
Fig. **3.** 3 C D	3 D	4 T D	8 C R	4 R
1 T D	4 C D	2 C D	7 R	2 F R
2 F D	2 T D	1 D	5 F R	1 T R
4 D	1 F D	3 F D	6 T R	3 C R
6 F D	2 R	5 D	5 C R	
5 T D	1 C R	6 C D	2 T R	
7 C D	3 T R	8 T D	1 F R	
8 D	4 F R	7 F D	3 R	
7 F R	6 R	8 R	4 F D	
8 T R	5 C R	7 C R	2 D	
6 C R	7 T R	5 T R	1 C D	
5 R	8 F R	6 F R	3 T D	
3 F R	7 D		5 C D	
4 T R	8 C D		7 T D	
2 C R	6 T D		8 F D	
1 R	5 F D		6 D	

J'observerai qu'on eût pu faire 3 C R, 1 T R, 2 F R et prendre 4 C R (**O**) pour case secondaire ; mais quand les données sont dans des quarts adjacents, il est préférable, pour moins charger la mémoire, de faire toutes les cases de ce quart.

Dans les cas où les données sont dans des quarts

annexés, que la case finale de celui-ci, par exemple, soit 7 C R, on prend tout simplement 5 F R **(O)** pour case secondaire, et dans la troisième tournée **(P)** on passe dans ce quart par 8 R, 6 F R, 5 T R, omettant la case finale : l'opération est aussi facile.

EXÉCUTION PAR LE PÉRIMÈTRE.

2e Probl.	(L)	(U)	(P)	(O)	(P)
Fig. **4.**	3 C D	6 R	5 T R	8 C R	4 R
	1 T D		7 C R	6 T R	2 F R
	2 F D	8 F R	8 R		1 T R
		7 T R		4 C R	3 C R
	1 R	5 C R	7 F D	2 T R	
	2 C R		8 T D	1 F R	
	4 T R	3 T R	6 C D		
		1 C R		2 D	
	6 C R	2 R	4 T D	1 C D	
	8 T R		2 C D	3 T D	
	7 F R	1 F D	1 D		
		2 T D		5 C D	
	8 D	4 C D	3 F D	7 T D	
	7 C D		5 D	8 F D	
	5 T D	6 T D	6 F R		
		8 C D		7 R	
	6 F D	7 D			
	5 R			5 F R	
	3 F R	5 F D		3 R	
	4 D	3 D		4 F D	
		4 F R		6 D	

On voit que cette exécution ne présente aucune difficulté, elle ne demande que le soin de commencer la troisième tournée en 5 T R, case située dans un quart adjacent à celui de la case finale, qui permet de parcourir les trois autres quarts de la tournée **(P)**; or, que l'on suive le diagramme *fig. 4*, où j'ai volontairement exposé une marche difficile, ou que l'on prenne toute autre route, en observant les règles générales, on vient terminer la deuxième tournée en 4 F R, qui conduit au périmètre en 5 T R, et de cette case, par une suite de pas réguliers, on arrive dans le carré du centre sur la case secondaire.

3e PROBLÈME (Pl. E.)

Les cases données étant sur le même losange ou sur le même carré, dans des quarts différents.

Positions indirectes : 48 cas.

Exemple : initiale 1re R (**L**)
finale 2e F D (**L**).

Les données étant dans la même tournée et dans des quarts adjacents, nous pouvons de la case initiale faire par la pensée les trois quarts qui conduisent à celui de la case finale, terminant en 6 F D, et de cette case entrer en 7 T D (**O**), *fig.* 6, où commencera notre deuxième tournée (1); puis de la case finale faire 2 F D, 1 T D, 3 C D, 4 D, ou plus simplement 2 F D-4 D, qui peut sortir sur quatre cases; nous choisissons 6 R (**U**), *fig.* 5, pour case secondaire, et nous obtenons ainsi la position directe **LOPU — L**,

(1) 7 T D donne des tournées régulières qui finissent dans le quart de la case secondaire.

EXÉCUTION PAR LES QUARTS.

3e Probl. (L)	(O)	(P)	(U)	(L)
Fig. **7**. 1 R	7 T D	3 C R	4 F R	4 D
2 C R	8 F D	1 T R	3 T R	3 C D
4 T R	6 D	2 F R	1 C R	1 T D
3 F R	5 C D	4 R	2 R	2 F D
5 R	3 T D	3 F D	1 F D	
6 C R	1 C D	1 D	2 T D	
8 T R	2 D	2 C D	4 C D	
7 F R	4 F D	4 T D	3 D	
8 D	3 R	6 C D	5 F D	
7 C D	1 F R	8 T D	6 T D	
5 T D	2 T R	7 F D	8 C D	
6 F D	4 C R	5 D	7 D	
	6 T R	6 F R	8 F R	
	8 C R	8 R	7 T R	
	7 R	7 C R	5 C R	
	5 F R *	5 T R	6 R	

Observations sur l'exécution par les quarts du 3e Problème.

Quand les données sont sur des quarts annexés, nous ne pouvons faire la première tournée sans passer dans le quart de la case finale, et, selon la position qu'elle a dans ce quart, prendre une, deux et même trois cases pour notre passage.

Sur les systèmes losanges (1) :

1° Les positions étant 4 D initiale et 7 F R finale, nous passons dans le 3e quart sur 5 R employant une case.

* De 5e F R (**O**), en passant dans le système (**P**), on entre dans le quart adjacent à la case secondaire, et par une marche régulière on arrive à la case finale.

(1) Je donne pour exemple les figures penchées à droite.

2° Les données étant 2 F D initiale et 8 T R finale, nous passons dans le 3ᵉ quart sur 7 F R, 5 R, employant deux cases.

3° Etant 2 F D initiale et 5 R finale, positions inverses de la 1ʳᵉ, nous passons sur 7 F R, 8 T R et 6 C R, employant trois cases.

Ce qui se répète sur les systèmes carrés :

1° Données 1 C D initiale, 7 R finale, on passe sur une case 5 F R.

2° Données 3 T D initiale, 8 C D finale, on passe sur deux cases 7 R, 5 F R.

3° Données 2 D initiale, 5 F R finale, on passe sur trois cases 7 R, 8 C R, 6 T R.

Ces différentes situations semblent compliquer les difficultés de ce troisième problème; cependant elles disparaissent au premier examen, car nous reconnaissons qu'elles se rapportent toutes à l'exécution de la troisième tournée du deuxième problème, et nous remarquons de suite que dans ces diverses opérations la case finale, son transport dans la case secondaire et le passage de la première tournée couvrent le système du 3ᵉ quart et qu'alors il n'y a plus qu'une marche régulière pour les trois dernières tournées : ces positions, difficiles en apparence, deviennent, sans exception, les plus aisées dans l'exécution.

EXÉCUTION PAR LE PÉRIMÈTRE.

3e Probl. (L)	(O)	(P)	(U)	(L)
Fig. **8.** 1 R	2 T R	3 C R	4 C D	4 D
2 C R	4 C R	1 T R	2 T D	3 C D
4 T R		2 F R	1 F D	1 T D
	6 T R			2 F D
6 C R	8 C R	1 D	2 R	
8 T R	7 R	2 C D	1 C R	
7 F R		4 T D	3 T R	
	8 F D			
8 D	7 T D	6 C D	5 C R	
7 C D	5 C D	8 T D	7 T R	
5 T D		7 F D	8 F R	
	3 T D			
6 F D	1 C D	8 R	7 D	
5 R	2 D	7 C R	8 C D	
3 F R *		5 T R	6 T D	
	1 F R			
		6 F R	5 F D	
	3 R	4 R	3 D	
	4 F D	3 F D	4 F R	
	6 D	5 D	6 R	
	5 F R			

L'exécution par le périmètre offre, en général, plus de facilité que l'exécution par les quarts; une exception très-rare peut se présenter : ainsi, dans les positions ci-dessus, si nous avions les données inverses, et qu'au lieu de 1re R initiale nous eussions 2e F D initiale, en suivant les cases du périmètre nous serions arrêté en 2e C R et dans l'impossibilité de terminer dans le carré du centre; mais, comme nous ne devons jamais noter une tournée sans l'avoir

* De 3 F R on eût pu passer en 2 D, 1 C D, et suivre les tournées ; on serait arrivé au même but.

parcourue par la pensée, nous aurions reconnu cet obstacle et vu que dans le parcours du périmètre, après les 2ᵉ, 5ᵉ ou 8ᵉ pas, à notre volonté, nous pouvions faire le carré du centre et rentrer dans le périmètre pour le terminer en 2ᵉ C R, qui conduit à 3ᵉ R (**O**) et 1ʳᵉ F R, etc.

Il peut arriver aussi que l'on ait à commencer dans le périmètre et finir par le périmètre, et *vice versâ* par le carré du centre, cas où il faut faire une inversion dans la marche; mais il est si facile de passer d'une tournée finissant par le périmètre dans une tournée commençant par le périmètre, en empruntant une case au carré du centre, que je n'en donnerai aucun exemple. Il est plus facile encore d'opérer cette inversion dans le carré du centre, puisque l'on peut en y finissant une tournée passer immédiatement dans ce même carré sur une autre tournée.

4ᵉ **PROBLÈME** (Pl. E.)

Les cases données étant sur le même losange ou sur le même carré, dans le même quart.

Positions indirectes : 16 cas.

Exemple : initiale 3ᵉ C D (**L**)
finale 1ʳᵉ T D (**L**).

Nous procédons comme dans les deux derniers problèmes en faisant, par la pensée, la première tournée pour connaître la case de sortie 2 D (**O**), *fig.* 10, et, par le même moyen de la case finale, ces mêmes sorties pour déterminer la case secondaire 2 R (U), *fig.* 9, nous avons alors **L O P U—L**, positions directes; nous dirigeant, pour finir les tournées, dans ce quart, nous arrivons à cette case sans difficulté, *fig.* 11.

EXÉCUTION PAR LES QUARTS.

4e Probl. (L)	(O)	(P)	(U)	(L)
F. **11.** 3 C D	2 D	6 F R	5 C R	4 D
	1 C D	5 T R	7 T R	2 F D
5 T D	3 T D	7 C R	8 F R	1 T D
7 C D	4 F D	8 R	6 R	
8 D				
6 F D	6 D	7 F D	5 F D	
	5 C D	8 T D	7 D	
5 R	7 T D	6 C D	8 C D	
7 F R	8 F D	5 D	6 T D	
8 T R				
6 C R	7 R	3 F D	4 C D	
	8 C R	4 T D	2 T D	
4 T R	6 T R	2 C D	1 F D	
2 C R	5 F R	1 D	3 D	
1 R				
3 F R	3 R	2 F R	4 F R	
	1 F R	1 T R	3 T R	
	2 T R	3 C R	1 C R	
	4 C R	4 R	2 R	

L'exécution par le périmètre ne demande que la seule attention de commencer la dernière tournée dans le carré du centre, et de terminer par le périmètre où la case finale secondaire est placée, *fig.* 12.

EXÉCUTION PAR LE PÉRIMÈTRE.

4e Probl.	(L)	(O)	(F)	(U)	(L)
F. 12.	3 C D	7 R	6 C D	4 F R	4 D
		8 C R	8 T D	6 R	2 F D
	5 T D	6 T R	7 F D	5 F D	1 T D
	7 C D			3 D	
	8 D	4 C R	8 R		
		2 T R	6 C R	1 F D	
	7 F R	1 F R	5 T R	2 T D	
	8 T R			4 C D	
	6 C R	2 D	3 C R		
		1 C D	1 T R	6 T D	
	4 T R	3 T D	2 F R	8 C D	
	2 C R			7 D	
	1 R	5 C D	1 D		
		7 T D	2 C D	8 F R	
	3 F R	8 F D	4 T D	7 T R	
	5 R			5 C R	
	6 F D	6 D	3 F D		
		5 F R	4 R	3 T R	
		3 R	6 F R	1 C R	
		4 F D	5 D	2 R	

CONCLUSION.

Il est indifférent de commencer par la case finale ou la case initiale dans les recherches de la position de la case secondaire; toutes les difficultés qui viennent se présenter se réduisent à celles que j'ai indiquées ; elles peuvent varier : c'est à l'intelligence de l'exécutant à diriger sa marche d'après les exigences de cette case.

Il est bien compris qu'on n'énonce pas les petites opérations préliminaires, dont la combinaison se fait rapidement dans la pensée.

EXPOSÉ D'UNE MÉTHODE

POUR LA SOLUTION

DU PROBLÈME DES HUIT DAMES SUR L'ÉCHIQUIER.

Comme délassement des études qui précèdent sur la marche du Cavalier, j'ajouterai le problème des **huit dames** (1), qui, dans un rang moins élevé, appartient cependant au même genre : je veux dire, combinaison sur l'échiquier.

Ce problème amusant est parfois assez laborieux à résoudre, même quand on a la faculté de changer toutes les dames de place ; mais il devient beaucoup plus difficile lorsque la position invariable de la première est déterminée.

Problème des huit Dames.

Énoncé. — Huit dames étant données, et l'une d'elles étant placée sur une case quelconque de l'échiquier, placer les sept autres dames de manière qu'aucune d'elles ne soit en prise.

Solution. — L'échiquier, divisé par deux droites passant par le centre parallèlement aux côtés et par

(1) On exige que ces huit dames soient placées sur l'échiquier de manière qu'aucune d'elles ne soit en prise à l'une des sept autres. Pour l'exécution de ce problème on se sert des huit pions, ayant chacun une valeur supposée égale à celle de la Dame.

ses deux diagonales, donne huit triangles rectangles dont les hypoténuses, partageant seize cases en deux parties égales, donnent quatre-vingts divisions ou cases ; chaque triangle est composé de dix divisions ou cases, dont chacune a sept symétriques sur le reste de l'échiquier.

Admettons que cet échiquier, ainsi divisé, soit placé devant un joueur, et numérotons de 1 à 10, dans un ordre facile à retenir, les cases du triangle A B C, *Pl.* F, *fig.* A, qui est le plus près de lui à sa gauche, et prenant le soin d'inscrire les numéros sur chaque ligne de gauche à droite, comme nous écrivons ; la première ligne portera 1, 2, 3, 4, la deuxième 5, 6, 7, la troisième 8, 9, et la quatrième 10. Les choses étant dans cet état, si nous faisons tourner ce triangle sur son côté B C, de manière que le point A tombe en A', puis sur l'hypoténuse A' C, et ainsi de suite, il parcourra l'échiquier ; nous supposerons que, dans cette marche, chaque case de notre triangle A B C laisse sur celles qu'elle recouvre successivement l'empreinte de ses chiffres, dont l'échiquier se trouvera couvert, *Pl.* F, *fig.* A.

Par le moyen de cette disposition on se rend facilement compte qu'il n'y a que dix positions différentes sur l'échiquier, et que la première dame ne peut être placée que sur l'un de ces dix numéros, soit pair ou impair, en comptant de gauche à droite, ou de droite à gauche, et faisant par la pensée, s'il est nécessaire, tourner l'échiquier de façon que la bande sur laquelle est la base du triangle qui contient la dame posée soit devant nous.

Les trois diagrammes, *Pl.* F, *fig.* 1, 2, 3, nous suffisent pour les solutions de ces différentes positions :

Fig. 1re. Sur les nombres impairs 1, 3, 5, 7, 9.

Fig. 2e. Sur les nombres pairs de la progression géométrique 2, 4, 8.

Fig. 3e. Sur les nombres pairs 6, 10.

Notre tâche se terminerait à cet exposé si nous n'avions pas le désir de faire connaître les moyens pour résoudre ce problème de mémoire.

La mnémonique (1) représentant par les chiffres les cases, et par l'ordre de ces chiffres les lignes (Voir page 13), quoique ridicule dans les phrases qu'elle emploie (2), donne, après quelques essais, mais sûrement, le meilleur moyen pour exécuter ce problème, sans consulter les diagrammes et même le dos tourné à l'échiquier, laissant encore la faculté de désigner l'ordre de la ligne sur laquelle on veut que soit placée la 2e dame, la 3e, etc.

(1) Une seule phrase que j'écris ici donne le rapport des chiffres avec les consonnes sonores :

1 2 3 4 5 6 7 8 9 0
ToN aMi ReLit CHaQue Fait PasSé

qu'on exprime : **Te, Ne, Me, Re, Le, CHe, Qe, Fe, Pe, Se.**

(Nous n'avons besoin que des huit premières consonnes.)

(2) C'est le résultat de l'obligation où l'on est de composer la phrase des consonnes ci-dessus dans un ordre déterminé.

Voici les phrases que je propose pour les trois diagrammes :

Pour le 1er, les impairs.

Ordre des lignes :	1	2	3	4	5	6	7	8
1er diagramme.	**Ma**	**CHèRe**		**anNa**	**Fait**	**La**	**QuêTe.**	
Ordre de la case sur cette même ligne :	3	6	4	2	8	5	7	1

Plaçant la 1re dame sur la 3e case de la 1re ligne. — La 2e sur la 6e case de la 2e ligne. — La 3e sur la 4e case de la 3e ligne. — La 4e sur la 2e case de la 4e ligne, etc.

Pour le 2e, pairs (progression géométrique).

Ordre des lignes :	1	2	3	4	5	6	7	8
2e diagramme.	**Rien**	**Que**	**Mon**	**Fils**	**Ne**	**Le**	**TouCHe.**	
Ordre de la case	4	7	3	8	2	5	1	6

Pour le 3e, pairs.

Ordre des lignes :	1	2	3	4	5	6	7	8
3e diagramme.	**Louis**	**Ne**	**Fait**	**TaiRe**		**Que**	**Mon**	**CHat**
Ordre de la case	5	2	8	1	4	7	3	6

Chacune de ces phrases (1) est composée de huit consonnes sonores; l'ordre dans lequel ces consonnes sont placées appartient aux huit lignes de l'échiquier commençant à compter de la ligne près du joueur de gauche à droite, en remontant, et la

(1) J'observe que pour chaque diagramme toute phrase dont les mêmes consonnes auront la même disposition peut remplacer celle que je présente ici pour exemple.

valeur numérique indiquée au-dessous de cette consonne, celle de la case sur la ligne de cette lettre; ainsi, dans la 1re phrase, M, par sa position, appartient à la 1re ligne, et par sa valeur numérique à la 3e case de cette ligne, — C H appartient, par sa position, à la 2e ligne, et par sa valeur numérique à la 6e case de cette ligne, — R à la 3e ligne, et sur cette ligne à la 4e case, — N à la 4e ligne, 2e case, — F à la 5e ligne, 8e case, etc., — en observant les mêmes dispositions pour les autres phrases.

La 1re dame étant placée, on sait à quel triangle elle appartient, et sur ce triangle on connaît le chiffre qu'elle couvre; ce chiffre indique le diagramme qui donne la solution de cette position; il reste à s'orienter pour trouver la bande de laquelle on doit commencer, et de quel côté, soit de droite, soit de gauche, on doit compter pour que l'ordre de cette lettre dans la phrase tombe sur cette case.

1° Supposons qu'il nous soit annoncé que la dame est placée sur la 4e case du Cavalier de la dame, nous voyons qu'elle couvre le chiffre 7 compris dans le 1er diagramme et près de la bande B''' sur la 2e ligne, ou sur la 4e ligne de la bande B. Dans l'ordre mnémotechnique, N est la 2e lettre, et dans la phrase appliquée au diagramme, N est la 4e; il n'y a plus de doute, puisqu'en plaçant les dames cette lettre se classe sur cette case.

2° Si la dame est placée sur la 6e case du roi chiffre 9 du 1er diagramme, à la 3e ligne de la bande B' et 4e ligne de la bande B', dans l'ordre déjà cité,

R est la 4e lettre, et dans la phrase la 3e en commençant de la bande B″, à compter de A en A‴.

Toutes les positions se résolvent par les mêmes combinaisons.

Nous observons que l'on ne réussit pas toujours au premier essai, qu'il faut quelquefois compter en différents sens ; mais avec un peu d'habitude on cherche à peine un instant, en comparant la position de la dame aux bandes avec les consonnes qui s'y rapportent dans la phrase du diagramme.

3° Si nous laissons la faculté de prescrire les lignes, nous déterminerons la bande d'où on doit commencer à les compter, cet ordre étant celui dans lequel nous les comptons nous-mêmes.

Dans cet exposé je ne m'occupe du problème des huit dames que sous le rapport récréatif, et depuis plus de quinze ans, lorsqu'on parle de cette solution, je me sers de la méthode que je publie pour surprendre ceux qui cherchent si péniblement à disposer ces huit dames d'après l'énoncé du problème, surtout quand la première est placée dans un angle de l'échiquier.

Ce problème a attiré l'attention de quelques mathématiciens; ils ont travaillé à la recherche du nombre de solutions dont il est susceptible. M. Solvyns m'a envoyé le résultat de ses recherches ; il note douze séries que je reproduis ici ; j'y joins, pour les comparer, les douze séries publiées par M. Jaenisch sur ce même problème, et je place à la suite de chacune d'elles leurs concordances.

Tableau des séries de M. Solvyns.

										Ordre donné par M. Jacnisch.
1.	**A**	1	6	8	3	7	4	2	5	II.
2.	**a**	1	7	5	8	2	4	6	3	I.
3.	**B**	2	8	6	1	3	5	7	4	VIII.
4.	**b**	2	6	1	7	4	8	3	5	VI.
5.	**C**	3	7	2	8	5	1	4	6	XI.
6.	**c**	3	6	2	7	1	4	8	5	IV.
7.	**D**	4	2	7	5	1	8	6	3	XII.
8.	**d**	4	2	8	6	1	3	5	7	III.
9.	**E**	5	3	1	7	2	8	6	4	X.
10.	**e**	5	1	8	4	2	7	3	6	V.
11.	**G**	7	2	4	1	8	5	3	6	IX.
12.	**g**	7	3	1	6	8	5	2	4	VII.

Comme disposition dans l'ordre de ses recherches des séries diverses, M. Solvyns donne les lettres placées de cette manière, commençant, les majuscules de gauche à droite, et les minuscules de droite à gauche.

A	B	C	D	E		G	
	g		e	d	c	b	a

J'observe que toutes ces séries sont écrites de gauche à droite et qu'on lit pour A : 1re ligne 1re case, 2e ligne 6e case, 3e ligne 8e case, 4e ligne 3e case, etc.

Tableau des séries de M. JAENISCH.

									Ordre de M. Solvyns.
I.	1	5	8	6	3	7	2	4	2. **a**
II.	1	6	8	3	7	4	2	5	1. **A**
III.	2	4	6	8	3	1	7	5	8. **d**
IV.	2	5	7	1	3	8	6	4	6. **c**
V.	2	5	7	4	1	8	6	3	10. **e**
VI.	2	6	1	7	4	8	3	5	4. **b**
VII.	2	6	8	3	1	4	7	5	12. **g**
VIII.	2	7	3	6	8	5	1	4	3. **B**
IX.	2	7	5	8	1	4	6	3	11. **G**
X.	3	5	2	8	1	7	4	6	9. **E**
XI.	3	5	8	4	1	7	2	6	5. **C**
XII.	3	6	8	1	5	7	2	4	7. **D**

Chaque série fait naître encore 7 dérivées, à l'exception de la dixième, qui n'en produit que trois, de sorte que le problème admet en tout 92 solutions.

(JAENISCH, *Traité des applications de l'analyse mathématique au jeu des échecs. Pétersbourg*, 1862, tome Ier.)

Les dérivées naissent de la manière de compter les positions sur l'échiquier, de gauche à droite, ou de droite à gauche, et par les différentes bandes. Voir *Pl.* F, *fig.* A.

353 — Paris, Imprimerie Jouaust, rue Saint-Honoré, 338.

PL. 1

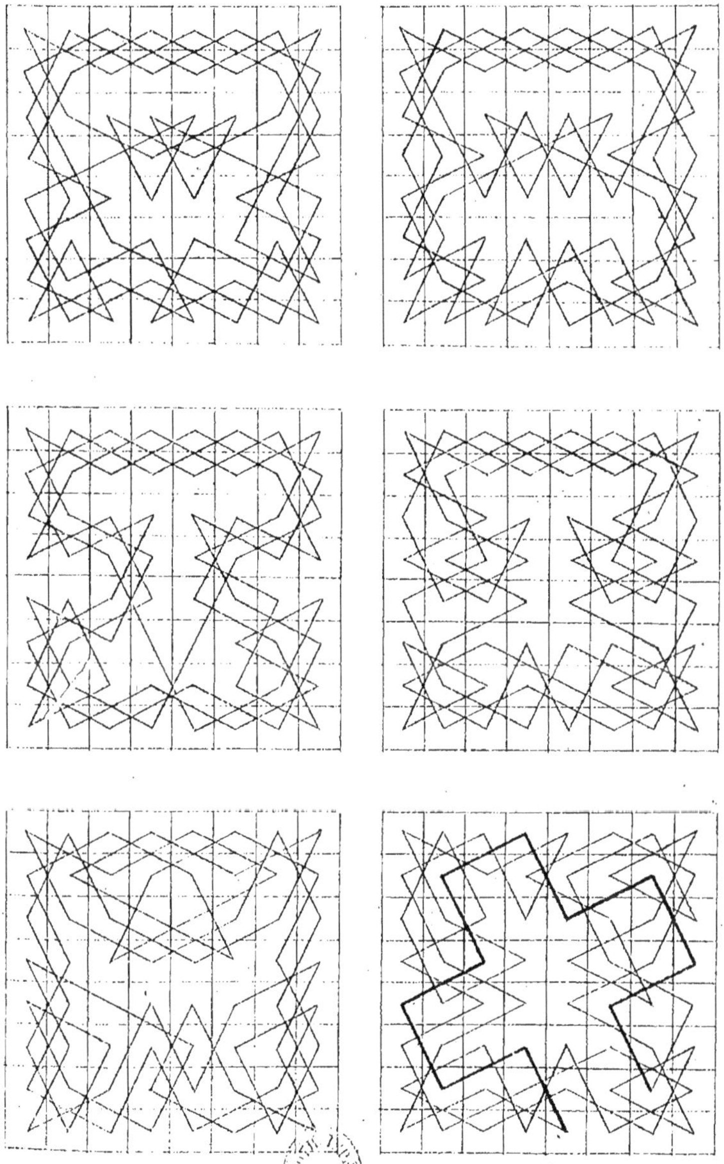

PL. 2

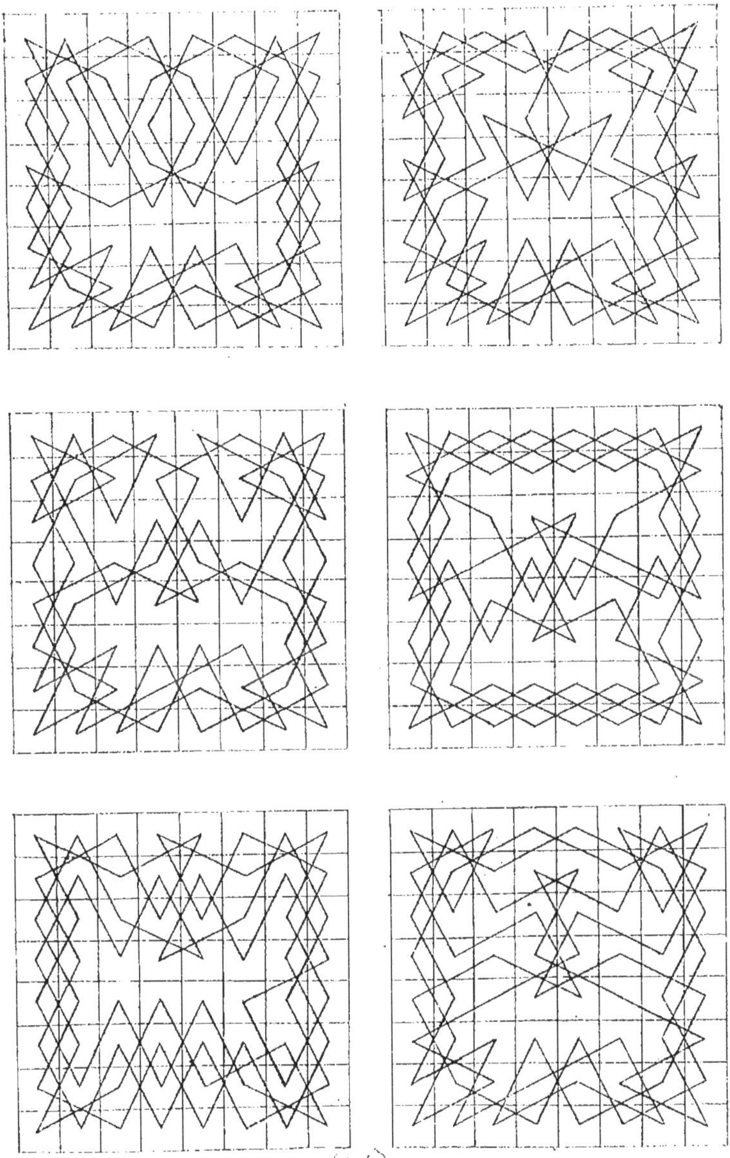

Pl. 5

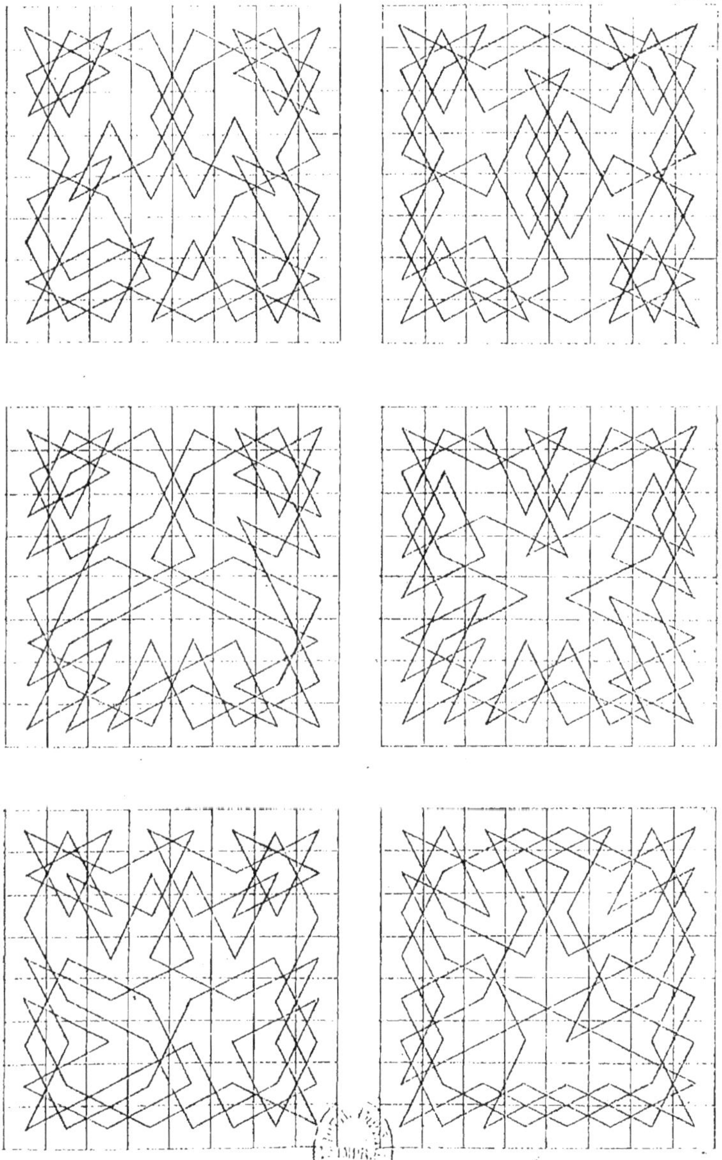

Pl. 4

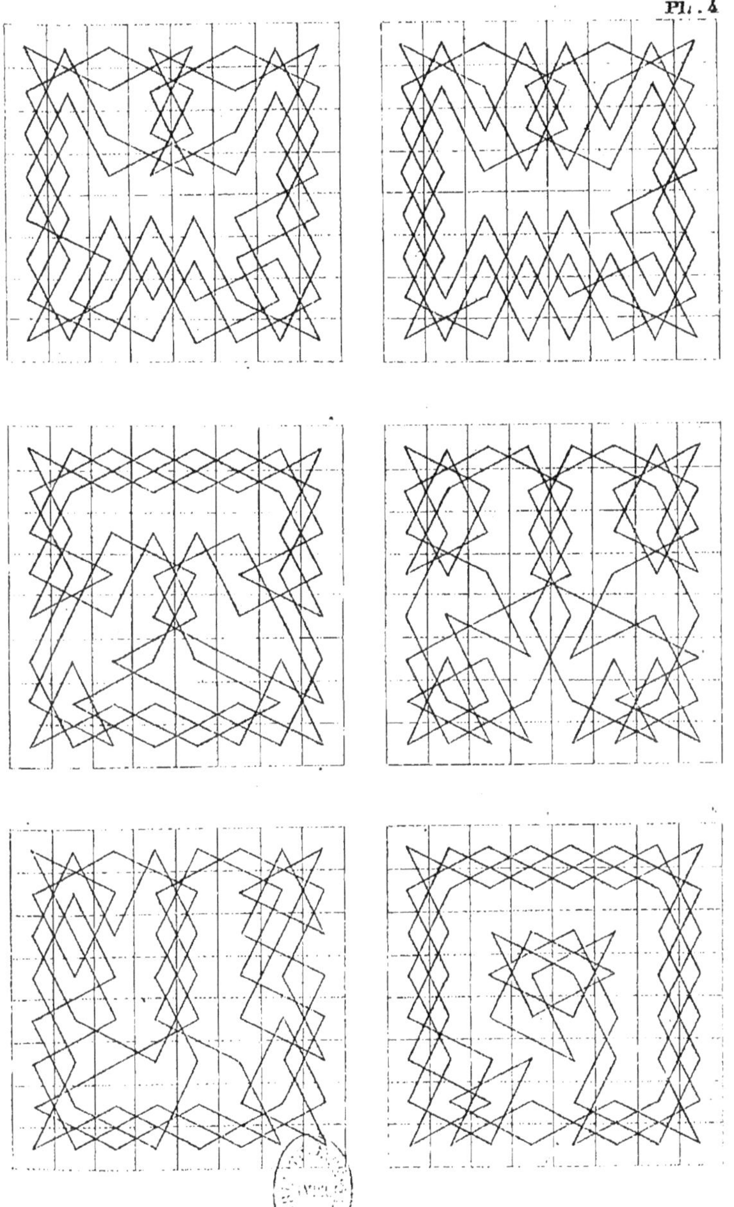

PL. 5

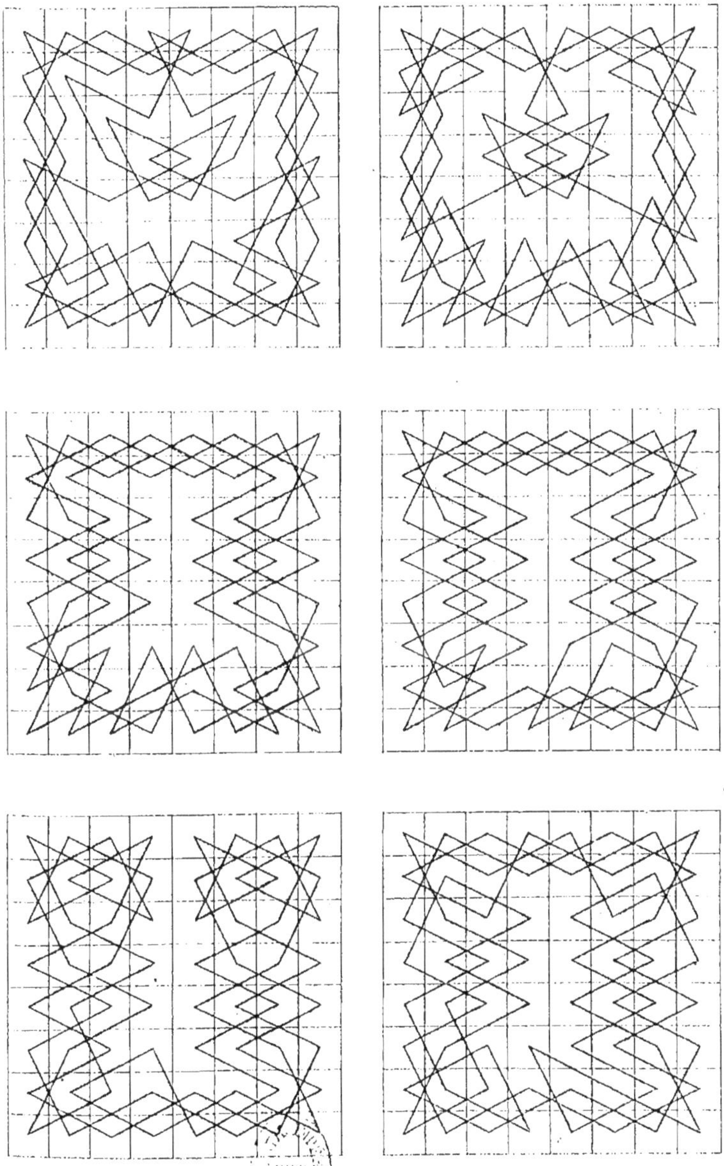

PL. 6

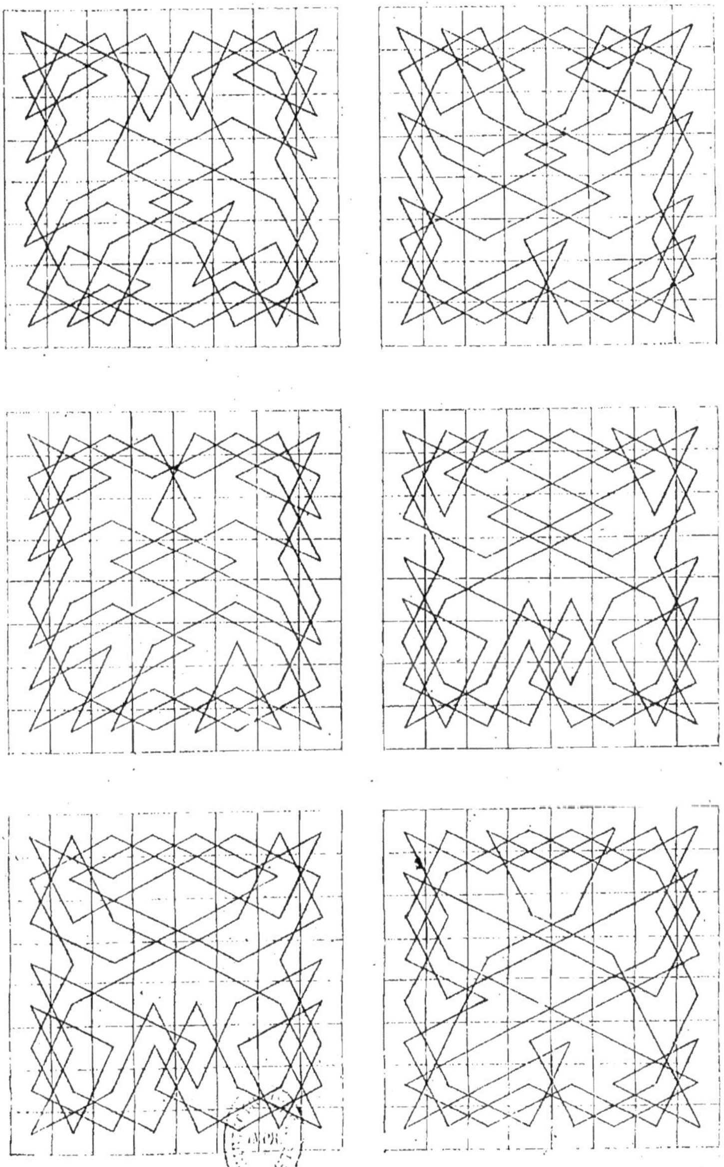

PL. 7

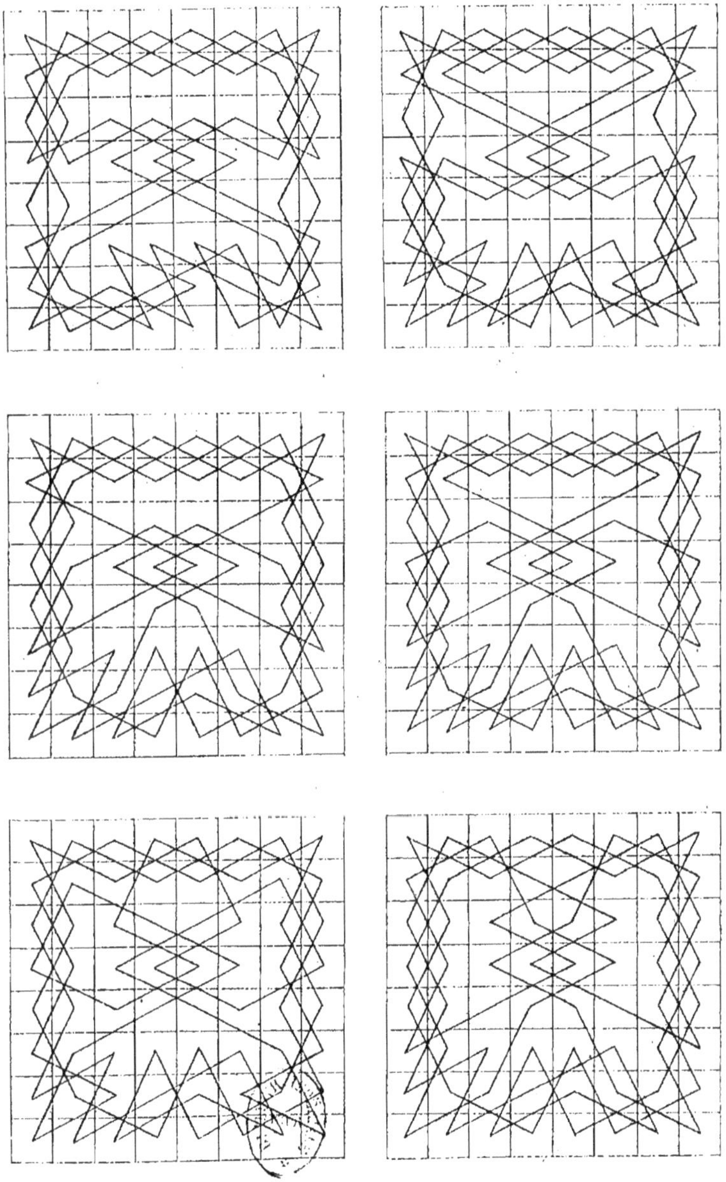

PL. 8

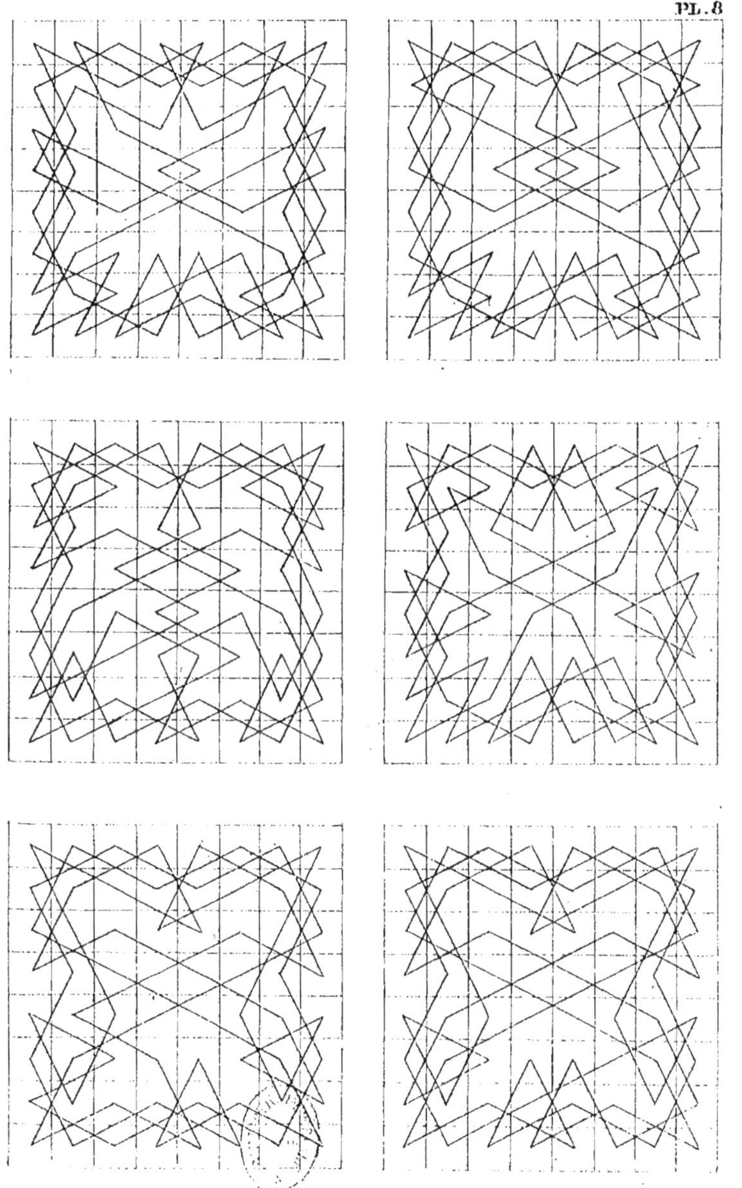

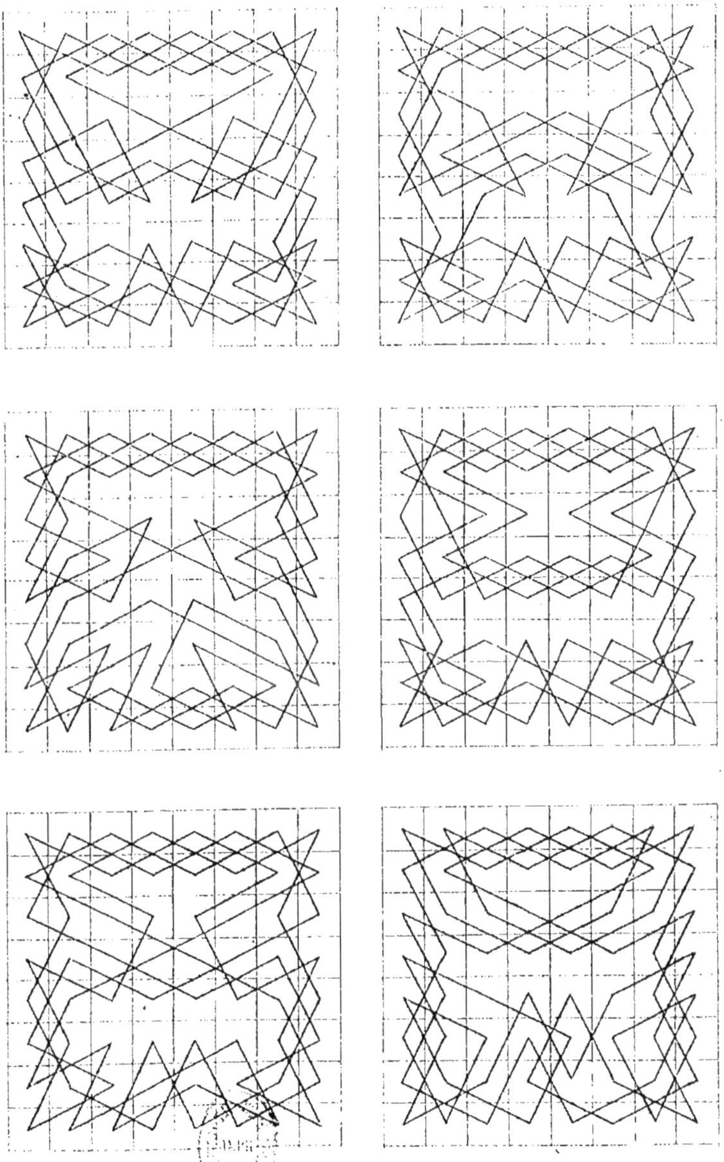

PL. 9

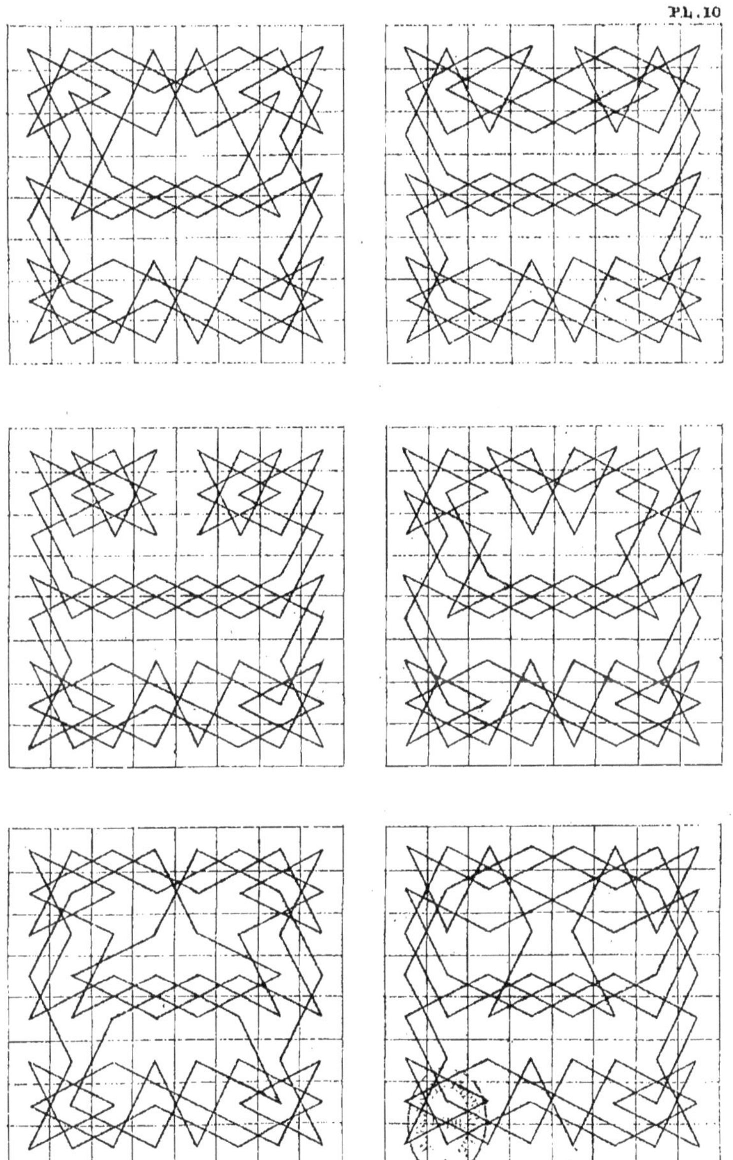

PL. 11

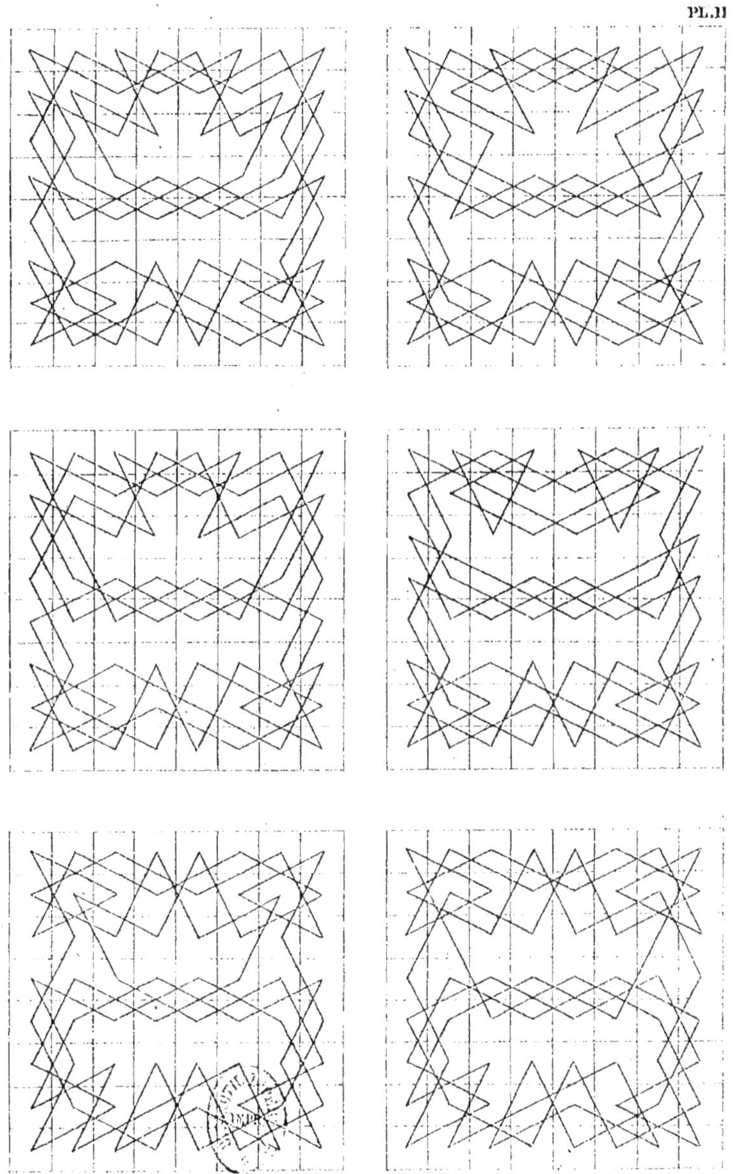

PL. 12

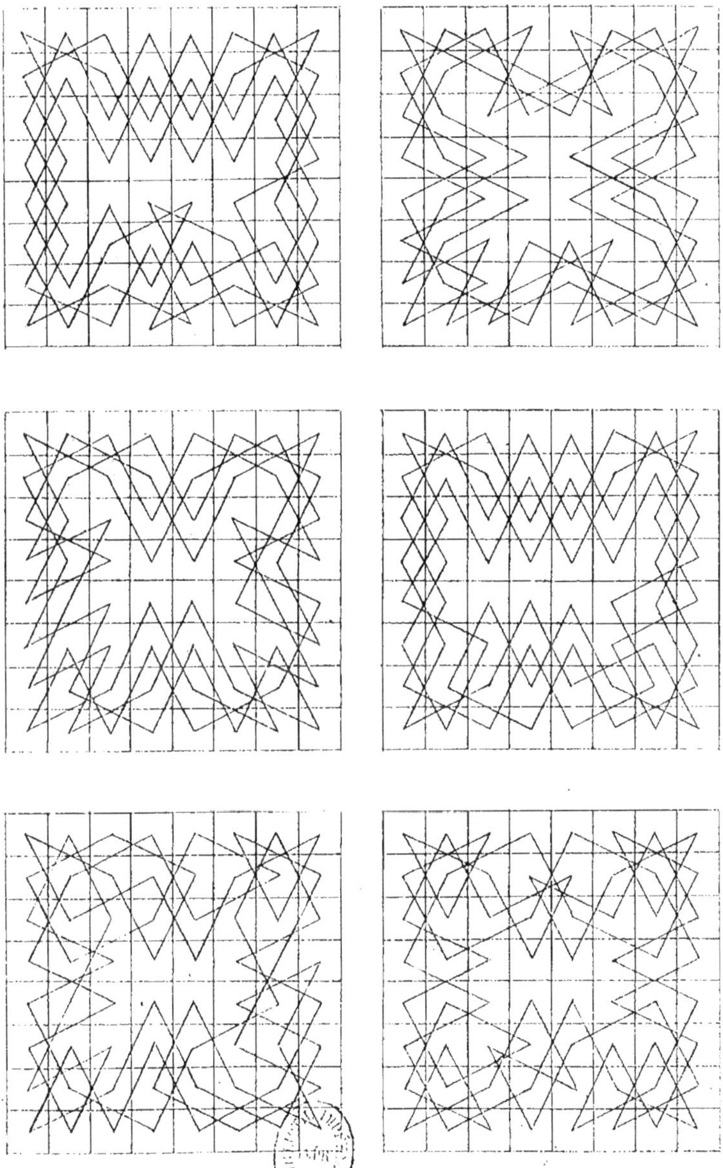

PL. 13

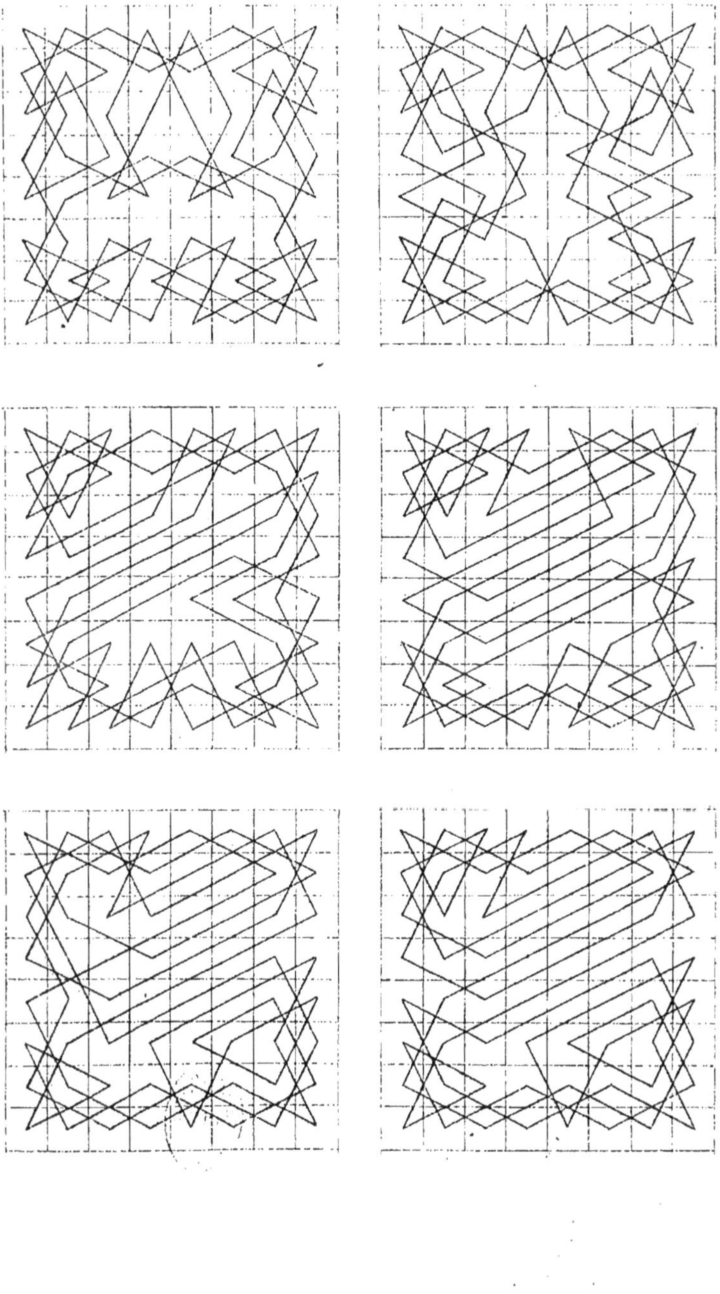

PL. 14

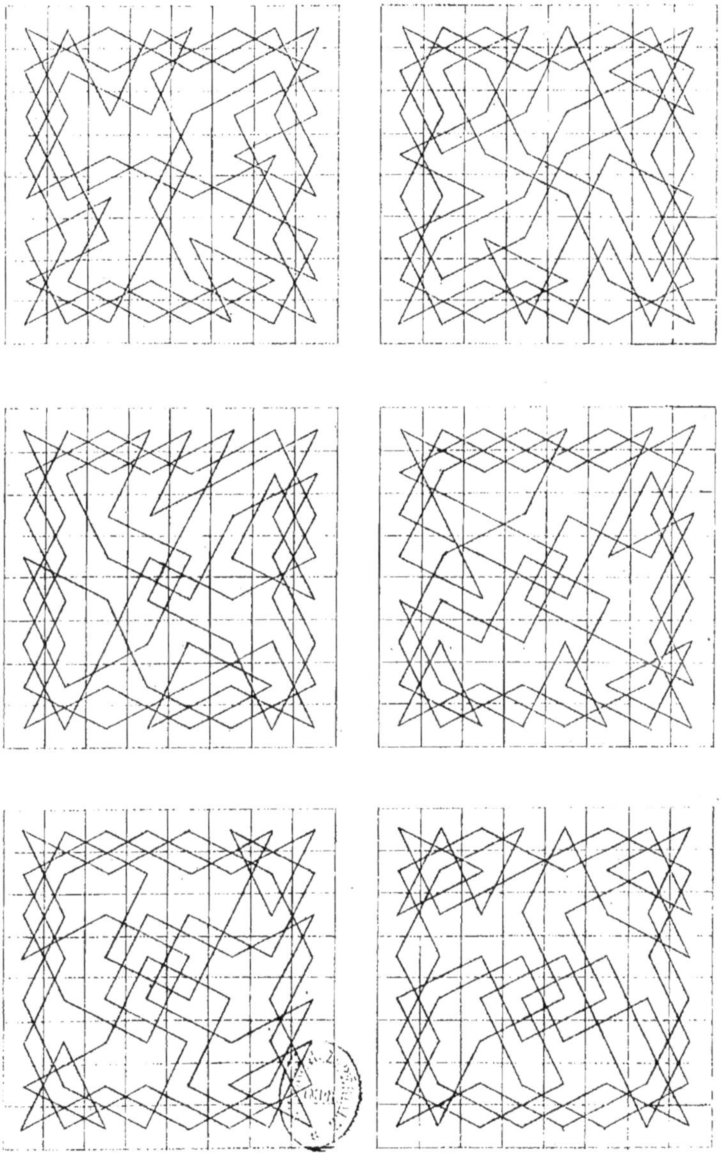

PL.15

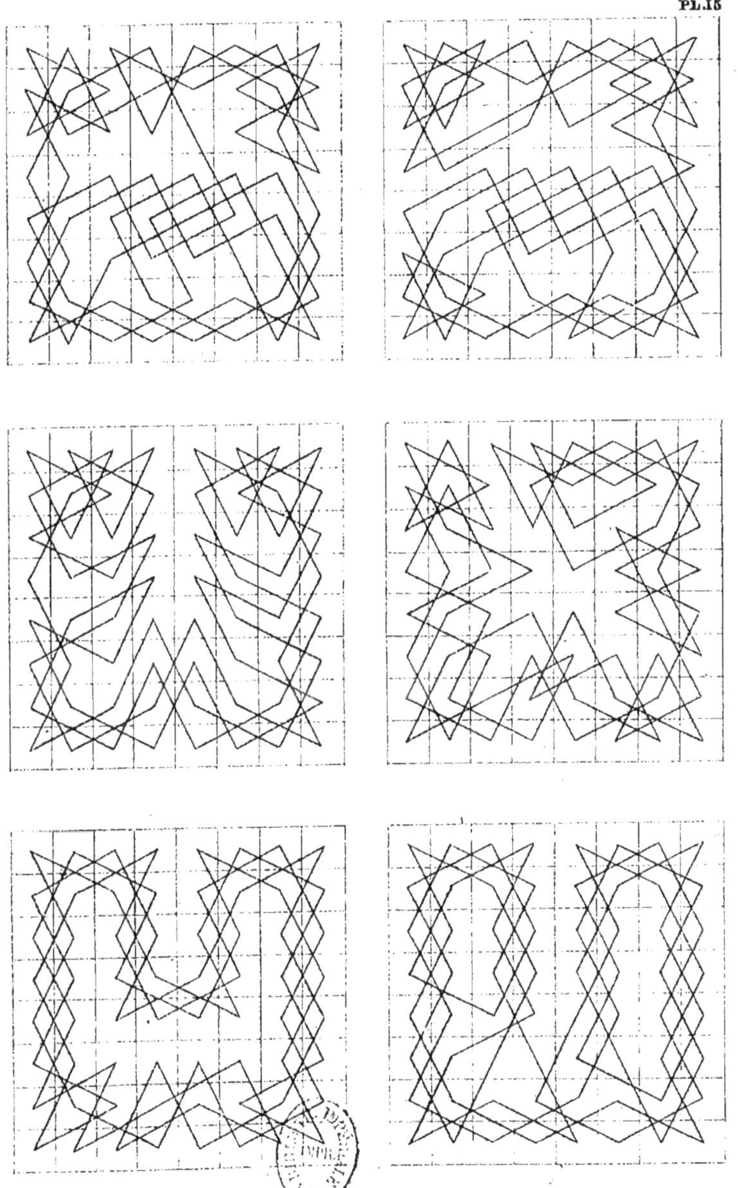

PL. 16

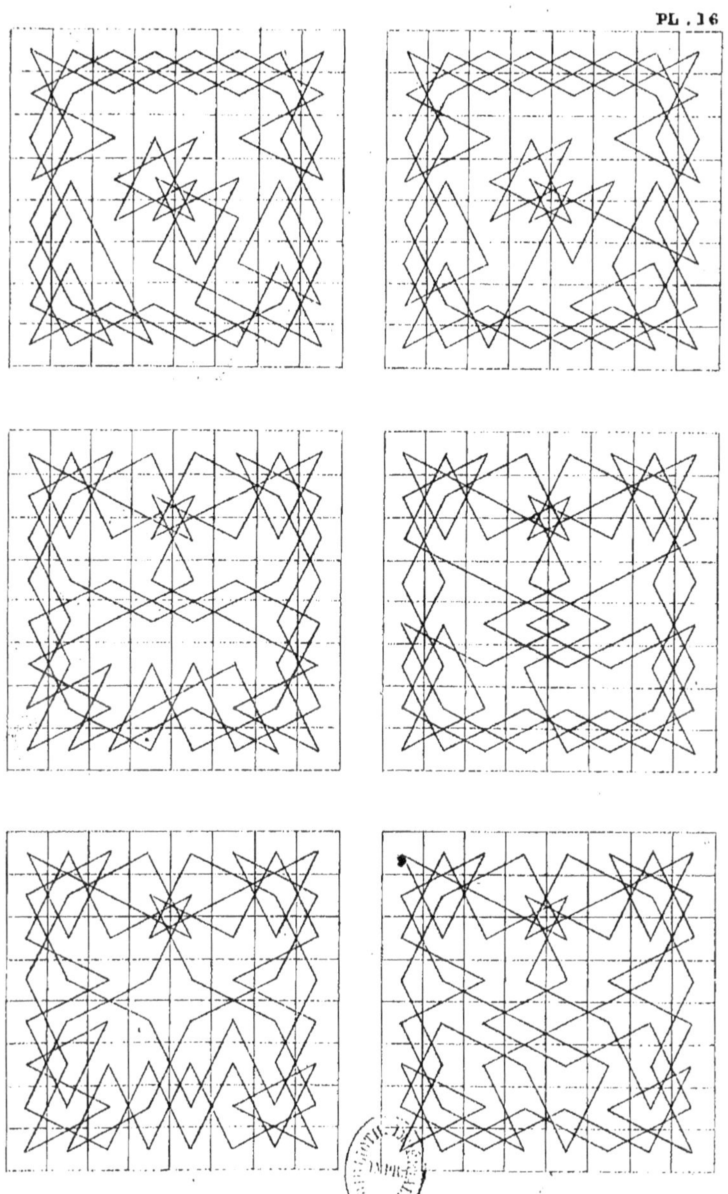

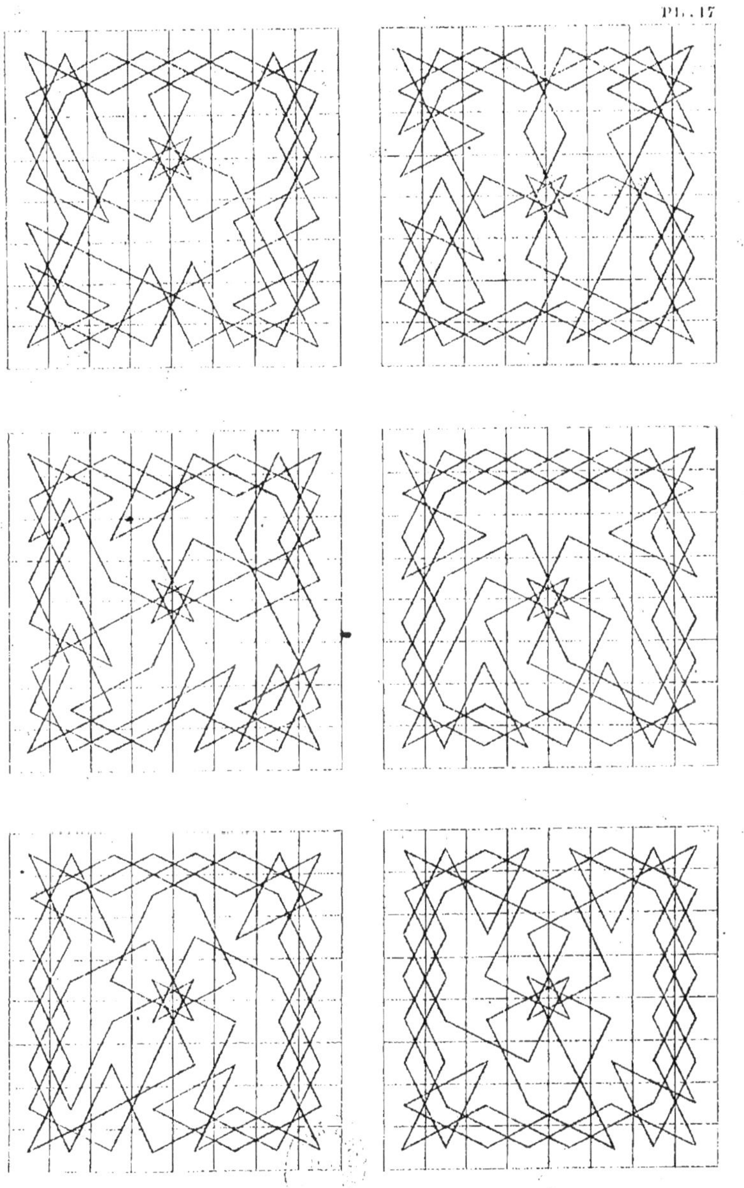

Pl. 18.

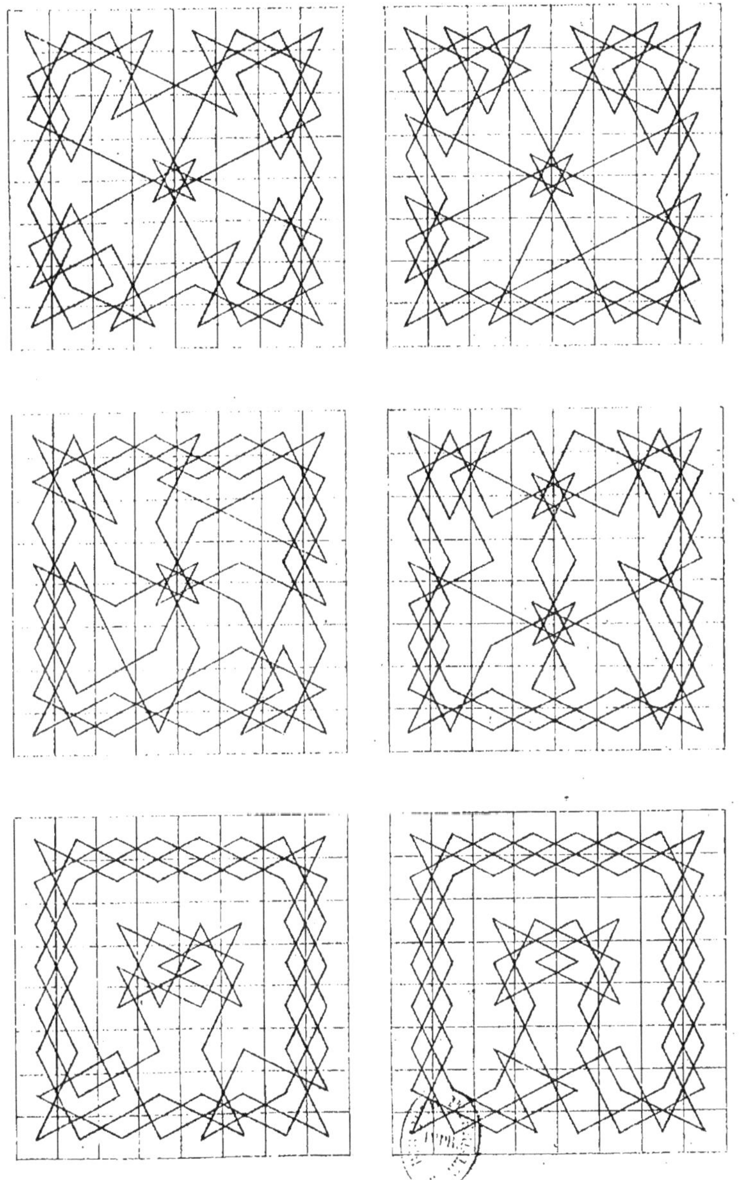

PL. 19

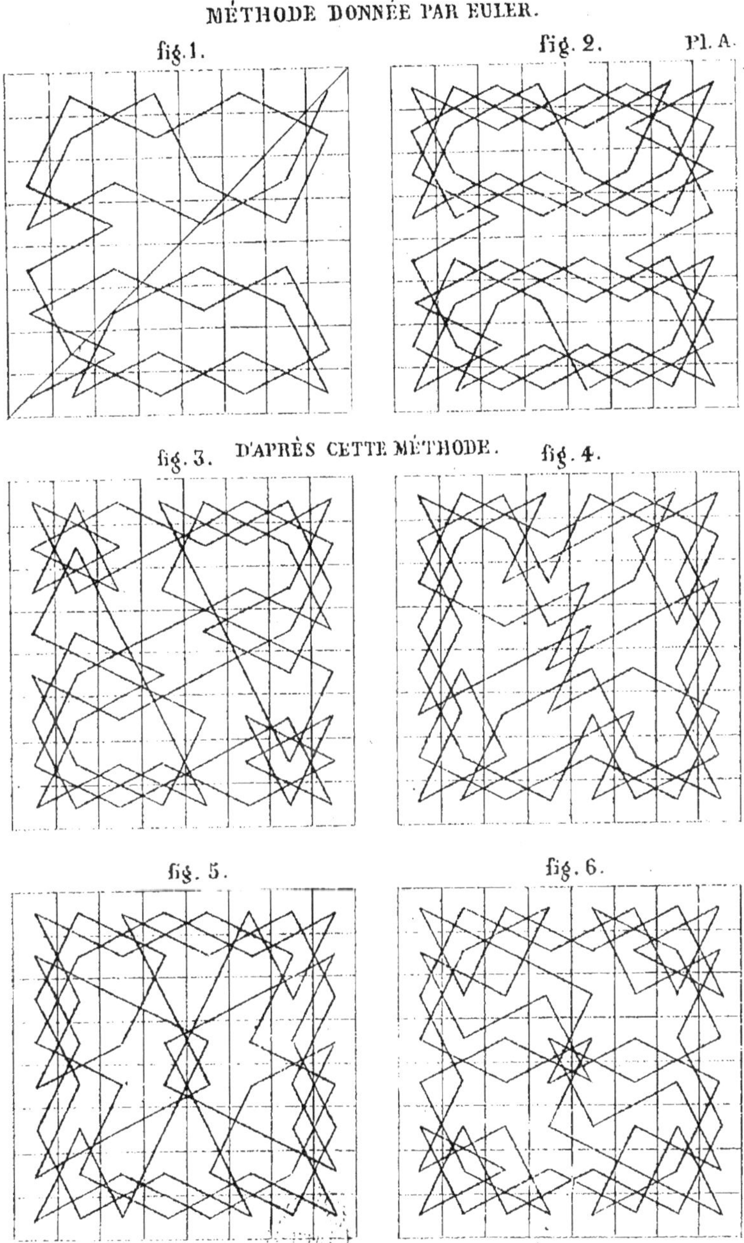
MÉTHODE DONNÉE PAR EULER.
fig. 1.
fig. 2.
Pl. A.
fig. 3.
D'APRÈS CETTE MÉTHODE.
fig. 4.
fig. 5.
fig. 6.

MÉTHODE DE VANDERMONDE.

Pl. B.

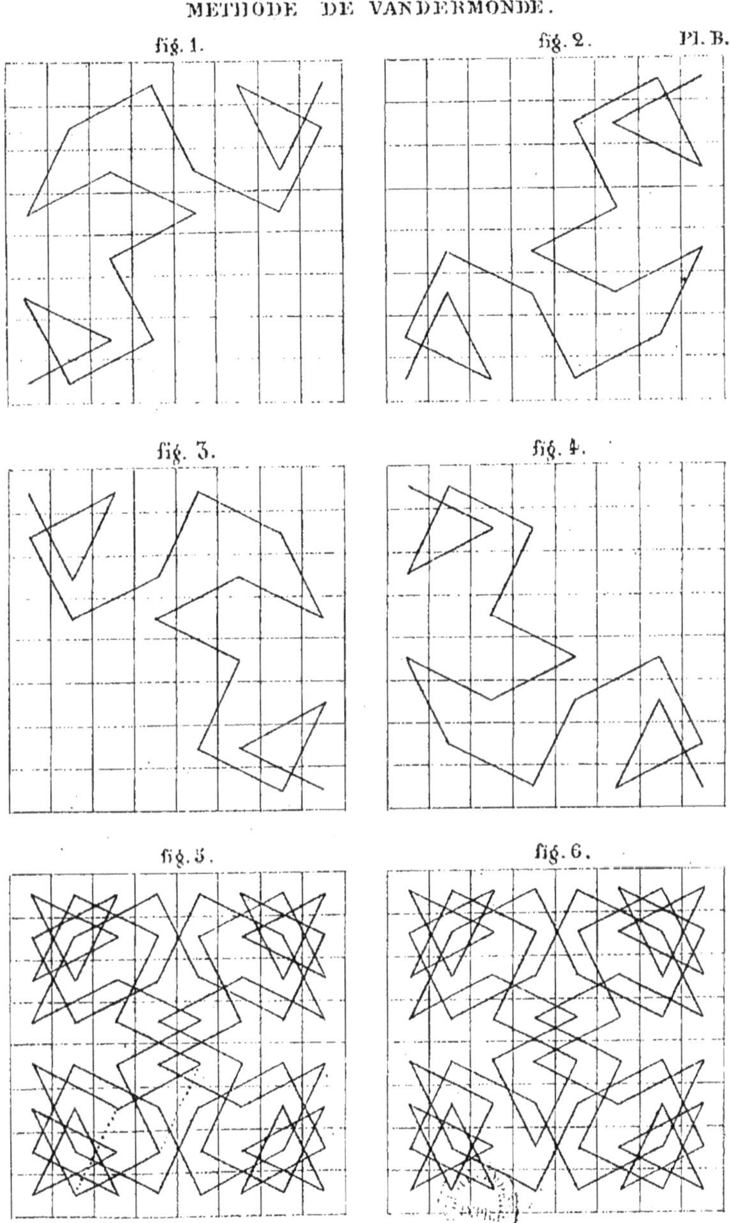

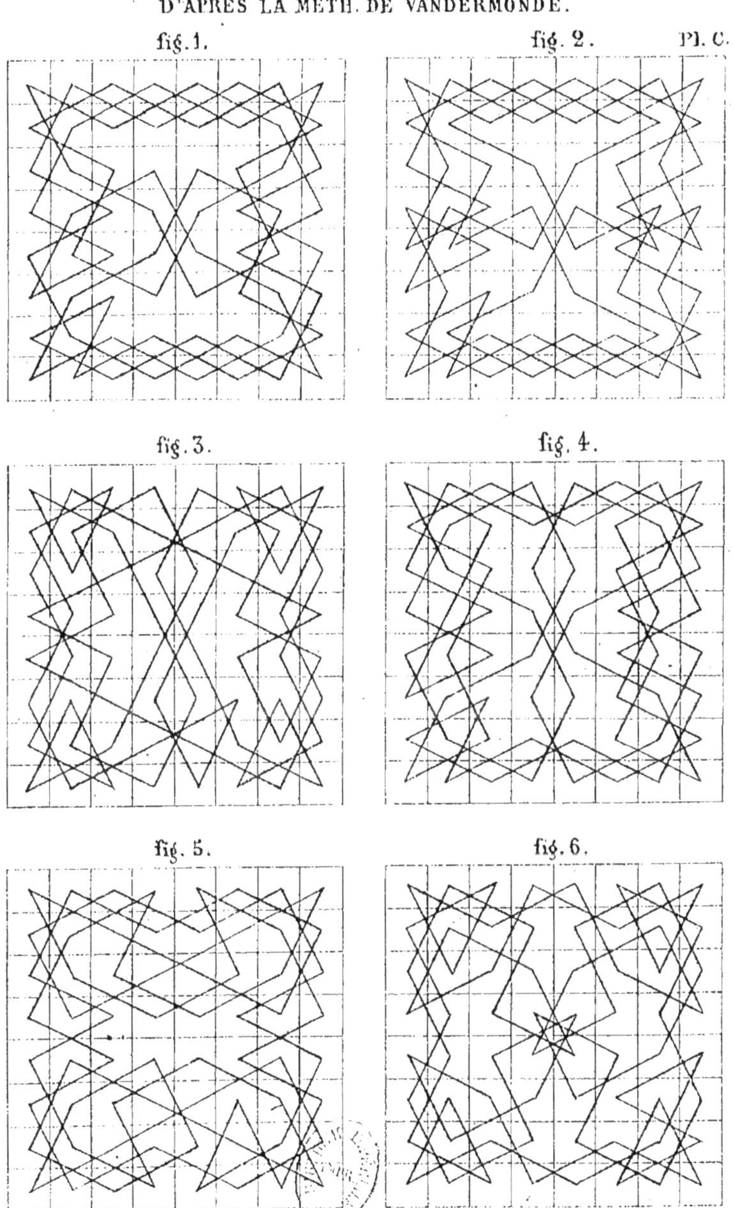
D'APRÈS LA MÉTH. DE VANDERMONDE.
Pl. C.
fig. 1.
fig. 2.
fig. 3.
fig. 4.
fig. 5.
fig. 6.

EXÉCUTION SANS VOIR

Pl. D

fig. 1

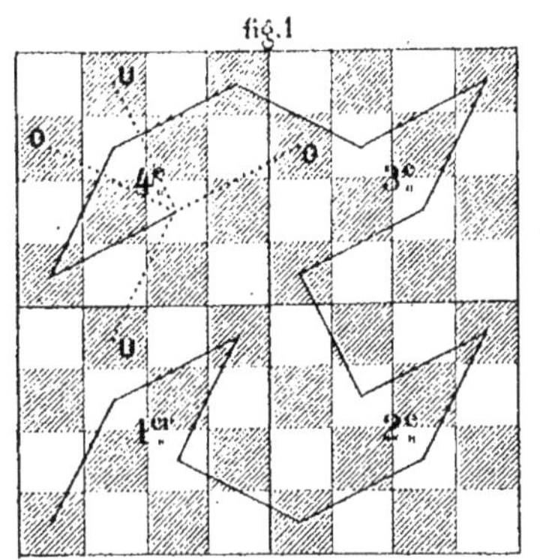

fig. 2

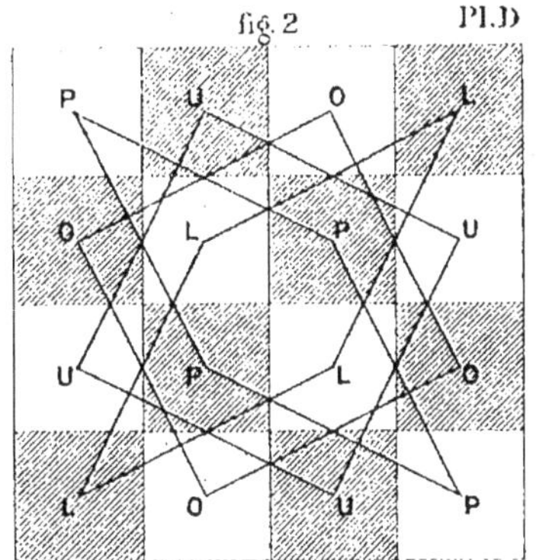

fig. 3

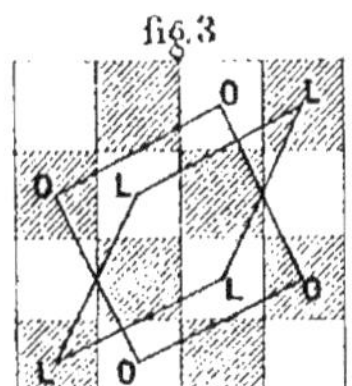

fig. 4

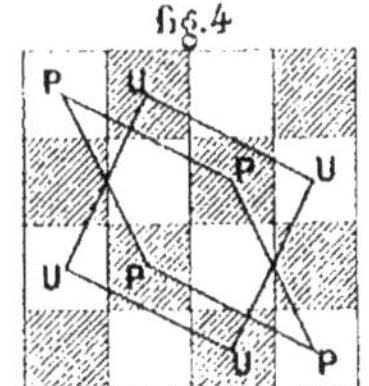

fig. 5

P	U	O	L	P	U	O	L
O	L	P	U	O	L	P	U
U	P	L	O	U	P	L	O
L	O	U	P	L	O	U	P
P	U	O	L	P	U	O	L
O	L	P	U	O	L	P	U
U	P	L	O	U	P	L	O
L	O	U	P	L	O	U	P

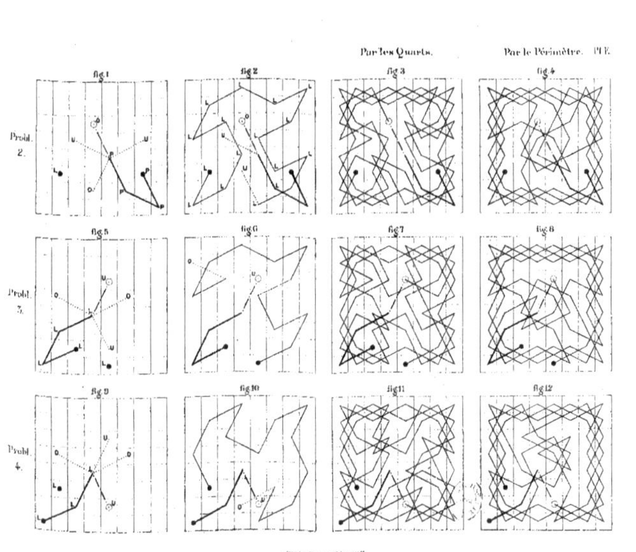
Par les Quarts.
Par le Périmètre.
Pl. E.
fig. 1
fig. 2
fig. 3
fig. 4
fig. 5
fig. 6
fig. 7
fig. 8
fig. 9
fig. 10
fig. 11
fig. 12
Probl. 2.
Probl. 3.
Probl. 4.

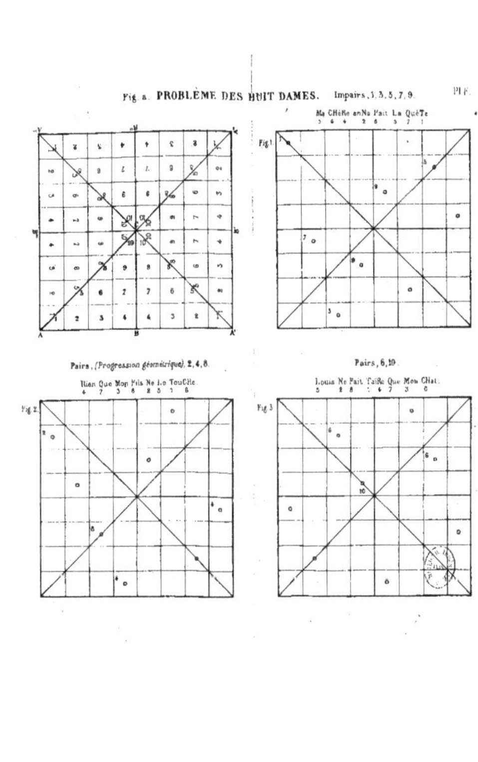
Fig. a. PROBLÈME DES HUIT DAMES.
Impairs, 1, 3, 5, 7, 9.
Pl. F.
Ma CHèRe enNe Fait La QuèTe
3 6 4 2 8 5 7 1
Fig. 1.
Pairs, (Progression géométrique), 2, 4, 8.
Rien Que Mon Fils Ne Le TouCHe.
4 7 3 8 2 5 1 6
Fig. 2.
Pairs, 6, 10.
Louis Ne Fait TaiRe Que Mon CHat.
5 2 8 1 4 7 3 6
Fig. 3

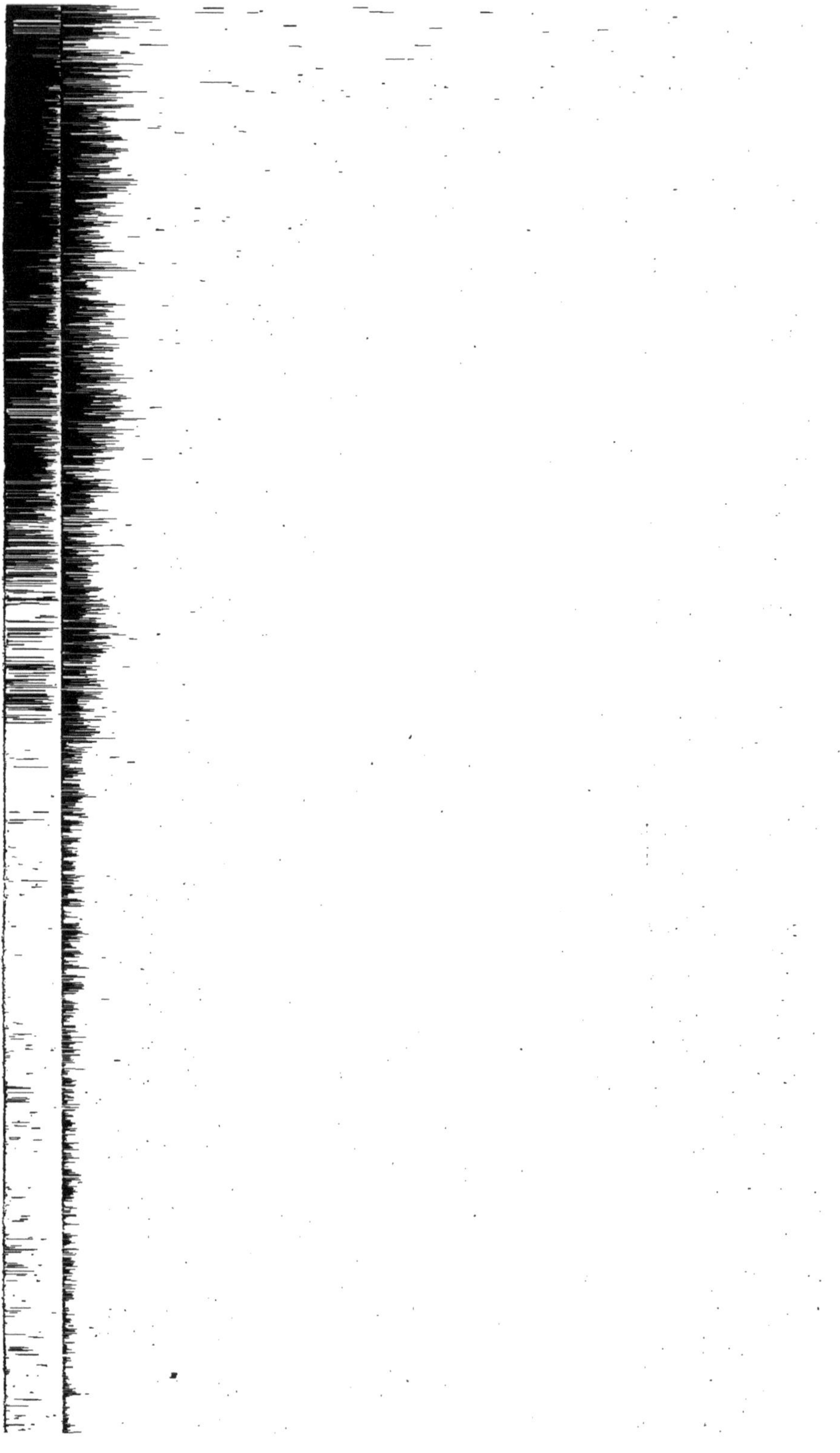

www.ingramcontent.com/pod-product-compliance
Ingram Content Group UK Ltd.
Pitfield, Milton Keynes, MK11 3LW, UK
UKHW020400230726
13925UKWH00003B/1194